ŒUVRE
DES
CERCLES CATHOLIQUES D'OUVRIERS

~~~~~~

CENTENAIRE DE 1789

LES SERVICES PUBLICS

PARIS
BUREAUX DE L'ASSOCIATION CATHOLIQUE
262, BOULEVARD SAINT-GERMAIN, 262

1888

CENTENAIRE DE 1789

MÉMOIRE N° VI

LES SERVICES PUBLICS

INTRODUCTION

La classification des questions sociales et politiques soulevées par le Centenaire de 1789 a compris sous une même rubrique — celle de *services publics* — les questions très diverses qui se rattachent les unes à l'organisation des forces militaires du pays, les autres à celle de ses finances publiques, les autres enfin à celle de l'assistance publique.

Cette classification ne saurait avoir la prétention d'être ni complète, ni rigoureuse, mais elle est l'expression de ce fait remarquable, que ces trois branches principales de l'organisme national sont aussi solidaires en leur jeu que diverses en leurs objets, au moins dans la conception moderne de l'Etat, et dans le type assez uniforme qu'il présente chez les nations placées à la tête de la civilisation moderne. Ceux qui font la critique de cette organisation désignent les trois systèmes combinés par les termes de *capitalisme, militarisme, socialisme d'Etat*, et en donnent les définitions suivantes :

Capitalisme. — Le système financier qui, pour subvenir à la charge énorme correspondante, grève la nation d'une dette publique considérable, portant intérêts à solder par l'impôt, et fait ainsi de la rente d'Etat une institution économique normale;

Militarisme. — Le système militaire qui fait passer toute la nation par la caserne pendant un certain nombre d'années;

Socialisme d'Etat. — Le système qui charge l'Etat de pourvoir directement à l'assistance des indigents, en augmentant encore d'autant la quotité de l'impôt, pour payer et ses libéralités et l'administration qu'il prépose à leur distribution.

Sans insister davantage sur la liaison de ces systèmes, puisqu'elle a la rigueur d'un caractère mathématique, nous allons examiner successivement, comment s'est établi et fonctionne chacun d'eux, depuis l'ère moderne qui les a vus s'épanouir et se donner comme la plus haute expression scientifique, économique et morale de la civilisation basée sur les principes philosophiques de 1789.

CENTENAIRE DE 1789

MÉMOIRE N° VI

LES SERVICES PUBLICS

INTRODUCTION

La classification des questions sociales et politiques soulevées par le Centenaire de 1789 a compris sous une même rubrique — celle de *services publics* — les questions très diverses qui se rattachent les unes à l'organisation des forces militaires du pays, les autres à celle de ses finances publiques, les autres enfin à celle de l'assistance publique.

Cette classification ne saurait avoir la prétention d'être ni complète, ni rigoureuse, mais elle est l'expression de ce fait remarquable, que ces trois branches principales de l'organisme national sont aussi solidaires en leur jeu que diverses en leurs objets, au moins dans la conception moderne de l'Etat, et dans le type assez uniforme qu'il présente chez les nations placées à la tête de la civilisation moderne. Ceux qui font la critique de cette organisation désignent les trois systèmes combinés par les termes de *capitalisme, militarisme, socialisme d'Etat*, et en donnent les définitions suivantes :

Capitalisme. — Le système financier qui, pour subvenir à la charge énorme correspondante, grève la nation d'une dette publique considérable, portant intérêts à solder par l'impôt, et fait ainsi de la rente d'Etat une institution économique normale;

Militarisme. — Le système militaire qui fait passer toute la nation par la caserne pendant un certain nombre d'années;

Socialisme d'Etat. — Le système qui charge l'Etat de pourvoir directement à l'assistance des indigents, en augmentant encore d'autant la quotité de l'impôt, pour payer et ses libéralités et l'administration qu'il prépose à leur distribution.

Sans insister davantage sur la liaison de ces systèmes, puisqu'elle a la rigueur d'un caractère mathématique, nous allons examiner successivement, comment s'est établi et fonctionne chacun d'eux, depuis l'ère moderne qui les a vus s'épanouir et se donner comme la plus haute expression scientifique, économique et morale de la civilisation basée sur les principes philosophiques de 1789.

SERVICES PUBLICS

I

LE SYSTÈME FISCAL DE LA FRANCE

ET SES RÉFORMES

1789-1889

On croit vulgairement que l'ordre dans les finances de la France est dû à l'influence de la Révolution. Cette assertion aurait besoin de preuves, et justement l'étude de notre système fiscal démontre que la régularité et les réformes ont pu y être introduites malgré les entraves que leur opposaient les tendances révolutionnaires, mais qu'elles ne sauraient continuer leur œuvre sans l'esprit de suite traditionnel des gouvernements qui ont fait la France.

Louis XVI monte sur le trône. Il trouve une situation financière embarrassée, un système d'impositions et de crédit des plus défectueux, produit dégénéré d'anciennes coutumes qui ne sont plus en harmonie avec les conditions sociales de la nation française ; c'est une disposition aux emprunts onéreux et dissimulés ; c'est une tendance au refus périodique d'acquitter les dettes devenues écrasantes ; dans l'administration des finances, les frais de recouvrement des impôts sont des plus élevés ; une grande complication règne dans la comptabilité et un manque absolu de clarté dans l'établissement et le règlement des budgets.

Animé de cet amour du bien que personne n'ose lui contester, soutenu par l'opinion publique qui commence à faire entendre sa voix, le Roi renonce aux anciens procédés de gouvernement et, malgré bien des récriminations, il appelle au pouvoir les hommes qui lui paraissent capables de remettre en équilibre la situation financière. Sous l'inspiration de ceux-ci, l'assemblée des notables délibère, les paroisses et les bailliages rédigent leurs cahiers et le Roi, comme les ministres, est prêt à donner satisfaction à toute juste réclamation. Mais la tâche est difficile et Louis XVI, dont les vues sont si droites et si justes, n'est pas un réformateur ; ses ministres ont parfois des théories économiques qui ne supportent pas l'application, et enfin ce sont de longues années qu'il faudrait pour parfaire une œuvre aussi considérable. Si déjà l'impôt foncier est transformé, si nombre d'irrégularités, d'inconséquences, de pratiques déplorables sont corrigées et changées, bien du temps est encore nécessaire pour assurer un résultat satisfaisant et durable, et les événements marchent précipitamment, les questions politiques s'enveniment et la Révolution vient tout à coup détruire le germe des réformes que la Monarchie tentait et qu'elle aurait pu sans commotion violente amener à bonne fin.

Avec la Révolution apparaissent les systèmes empiriques et irrationnels : tout est de sentiment ; les mots créent les choses et ni l'impôt ni le crédit ne reçoivent les bases solides qui seules peuvent les rendre productifs et durables. Les biens nationaux ne sont pour le Trésor qu'une ressource momentanée et très inférieure à ce qu'on pensait en retirer ; les assignats et le papier-monnaie ne deviennent que des instruments d'échange dont la valeur nominale ne répond à aucune réalité et la banqueroute des 2/3 est la conséquence des mesures incohérentes provoquées par des sectaires incapables et amis du lucre.

Il faut la force d'un homme de génie pour remettre en place les rouages financiers de la France et, malgré des dépenses considérables occasionnées par des guerres incessantes, tout en subvenant aux frais d'entretien des armées et d'une lourde administration, les budgets s'équilibrent et restent dans des limites relativement restreintes. Mais survient la défaite, et les prélèvements que Napoléon savait opérer sur les nations vaincues disparaissent : l'Empereur laisse en tombant un déficit considérable que le gouvernement de la Restauration a mission de liquider.

Les ministres de Louis XVIII et de Charles X sont particulièrement habiles pour payer les dettes, réparer les injustices, rendre confiance au crédit, régulariser l'administration des finances, l'unifier par une sage centralisation, lui donner la clarté, dresser des budgets bien établis et organiser un contrôle incessant et efficace. C'est pourquoi les gouvernements qui se succèdent depuis, ceux de Louis-Philippe et du second Empire, malgré le trouble passager que la Révolution de 1848 apporte dans les finances, malgré les conséquences qu'entraînent pour les générations présentes et futures les fautes commises dans la politique intérieure et extérieure, malgré les charges d'une lourde dette publique dont les arrérages pèsent sur les budgets et forcent à augmenter les impôts, trouvent encore bien des ressources pour entreprendre de grands travaux et pour donner à la France parfois la prospérité, toujours l'apparence du bien-être matériel.

Après les désastres de 1870-1871, l'Assemblée Nationale liquide l'arriéré, mais se voit obligée d'augmenter la dette perpétuelle, de créer des budgets considérables ; toutefois dans cette œuvre qui devient patriotique, puisqu'il s'agit de libérer le territoire et de mettre la nation à l'abri des attaques de l'extérieur, elle témoigne d'un grand sentiment d'ordre et d'économie et elle soutient une administration qui permet à la France de se relever en peu de temps, tandis que les excédents budgétaires annuels viennent grossir périodiquement les ressources dont elle peut disposer.

Mais l'esprit révolutionnaire, qui ne cessait de travailler, devient de nouveau le plus fort. La propagande politique de parti, la guerre contre la religion, le besoin de fournir à la clientèle du pouvoir, en haut comme en bas de l'échelle sociale, des places, en récompense des services rendus, la nécessité de frapper l'imagination des populations par de grands travaux qui semblent utiles ou par le prestige d'expéditions glorieuses accroissent la dette et, par suite, le budget dans des proportions à peine croyables. Sans entrer dans le détail des artifices par lesquels on pense donner une apparence logique aux opérations que l'on tente, l'on peut constater qu'en 1876 le budget se réglait en dépenses au chiffre de 2.680.446.997 fr. avec un excédent de 98.204.809 fr., tandis que pour l'exercice de 1885 le budget atteint en dépenses le chiffre de 3.273.828.964 fr. et le déficit dépasse 213 millions.

Ce déficit, il augmente chaque jour, sous l'influence de la stagnation des affaires, conséquence d'une détestable politique, d'une mauvaise administration, compliquée d'une situation économique générale de plus en plus triste, mais dont on ne veut pas toujours tenir compte par esprit de parti.

C'est alors qu'apparaît l'obligation de faire face aux nouvelles dépenses par de nouvelles recettes, et cependant les malheurs de notre siècle ont été la source d'une multitude de taxes dont voici la nomenclature :

A. Contributions directes :

    1° Contribution foncière ;
    2° Contribution personnelle et mobilière ;
    3° Contribution des portes et fenêtres ;
    4° Contribution des patentes.

Taxes assimilées :

    1° Redevance des mines ;
    2° Taxe des biens de mainmorte ;
    3° Impôt sur les chevaux et voitures ;
    4° Impôt sur les cercles, sociétés et lieux de réunion ;
    5° Rétribution pour la vérification des poids et mesures ;
    6° Droits pour visites chez les pharmaciens, les épiciers, les droguistes et les herboristes ;
    7° Rétributions dues par les propriétaires ou entrepreneurs d'eaux minérales ;
    8° Contribution pour l'entretien des Bourses et chambres de commerce ;
    9° Taxe municipale des chiens ;
    10° Prestations en nature pour les chemins vicinaux ;
    11° Diverses taxes municipales. (Etablissement des trottoirs, pavage, balayage.)

Centimes additionnels :

    1° Généraux ;
    2° Départementaux ;
    3° Communaux ;
    4° Avec affectations diverses (fonds de secours, de non-valeur, de décharge et de réduction, de réimposition ; frais d'avertissement ; frais de perception).

B. Contributions indirectes :

    1° Impôts sur les vins, cidres, poirés et hydromels :
        a. Droit de circulation ;
        b. Droit de détail ;
        c. Droit d'entrée ;

    d. Taxe unique ;
    e. Taxe de remplacement.
  2° Impôts sur les eaux-de-vie, esprits et liqueurs :
    a. Droit de consommation ;
    b. Droit d'entrée ;
    c. Taxe de remplacement.
  3° Droit de fabrication sur la bière :
  4° Droit de licence ;
  5° Droit de fabrication sur les huiles minérales ;
  6° Droit d'entrée sur les huiles végétales et animales ;
  7° Droit de fabrication sur les cartes à jouer ;
  8° Droit de consommation sur les vinaigres et acides acétiques ;
  9° Droit de consommation sur la stéarine, les bougies et les cierges ;
  10° Impôt sur les sucres ;
  11° Impôt sur le sel ;
  12° Droit de marque et de garantie sur les objets d'or et d'argent ;
  13° Droits sur les voitures publiques ;
  14° Frais de casernement ;
  15° Monopole de la vente des poudres ;
  16° Monopole concédé des allumettes chimiques ;
  17° Octrois ;
  18° Surtaxes de 2 décimes ou de 2 décimes 1/2 sur divers droits ;
  19° Timbre spécial des contributions indirectes.

C. Monopole des tabacs ;

D. Monopole des postes ;

E. Douanes :

  1° Droit d'entrée et de sortie.
  2° *Droits de navigation :*
    a. Droit de francisation ;
    b. Droit de congé ;
    c. Droit de passe-port ;
    d. Droit de quai ;
    e. Droit de permis et de certificat ;
    f. Taxes sanitaires :
      1° Droit de reconnaissance à l'arrivée ;
      2° Droit de station ;
      3° Droit de séjour au lazaret ;

4° Droit de désinfection des marchandises ;
g. Droit de péage.
3° *Droits divers :*
   a. Droit de statistique ;
   b. Droit de garde ;
   c. Timbre ;
   d. Prix des plombs, cachets et estampilles ;
   e. Impôt sur le sel.
4° Droit d'hypothèques maritimes.
5° Surtaxes d'entrepôt.

F. Enregistrement et timbre :

1° Droits d'enregistrement proprement dits ;
2° Droits de transcription ;
3° Impôt sur le revenu des valeurs mobilières ;
4° Taxe perçue sur les lots et primes de remboursement ;
5° Taxe sur les assurances maritimes et contre l'incendie ;
6° Impôt sur les bénéfices des sociétés civiles ;
7° Décimes sur certains droits ;
8° Timbre de dimension, timbre proportionnel ;
9° Droits de greffe ;
10° Droits d'hypothèque.

G. Retenue pour le service des pensions civiles.

Notre système fiscal se compose d'un ensemble de contributions directes et indirectes. La base des premières a été jusqu'ici la proportionnalité aux ressources annuelles des contribuables. La richesse est frappée par le fait de la propriété et dans ses manifestations. C'est ainsi que l'impôt foncier est assis sur le revenu des immeubles. La fortune mobilière est atteinte par la contribution mobilière, basée sur la valeur locative des locaux d'habitation et par l'impôt des portes et fenêtres, destiné à corriger les erreurs du précédent. L'impôt des patentes vient s'attaquer à la fortune en formation : le droit proportionnel qu'il comporte le rend plus ou moins élevé en raison de la sphère et des moyens d'action de chaque commerce ou industrie.

Parallèlement à ces impôts existent des droits perçus à l'occasion de certains faits, sans avoir égard à la position du contribuable : ce sont les impôts de consommation proprement dits et tous ceux qui finalement sont supportés par le consommateur, comme les droits de douanes et de fabrication. On a pu supposer que l'usage des divers produits que l'on taxait était proportionnel à la richesse et que la consommation d'une maison augmentait avec la fortune de son maître ; mais ces droits frappent le plus souvent des objets de première nécessité (substances alimentaires, combustibles) et, dans l'impossibilité d'établir des droits *ad valorem* (cette catégorie ne comprend que les droits de détail sur les boissons et ceux à l'entrée en France de quelques produits étrangers), il a fallu rétablir l'équilibre par des impôts atteignant les objets de luxe : les impôts sur le sucre (car en France l'usage des boissons chaudes est encore peu répandu dans les classes populaires), sur les cercles, les billards, les cartes à jouer, les chiens, les chevaux et voitures, le tabac, toutes taxes qui, sans tenir compte de la fortune des contribuables, frappent au moins les jouissances superflues.

Les droits de timbre et d'enregistrement font un peu exception à la règle de proportionnalité ; les droits proportionnels de cette espèce sont loin de compenser les droits fixes qui, au delà du prix du service rendu, présentent un caractère fiscal très prononcé, accentué encore par l'obligation de s'y soumettre dans nombre d'actes de la vie civile.

A côté de ces impôts se placent : la contribution personnelle, sorte de capitation qui peut rappeler à l'électeur ses devoirs ; les monopoles, représentant en quelque sorte un revenu industriel ou domanial pour l'Etat, et certaines taxes qui constituent une véritable rémunération des services rendus.

La difficulté de trouver place pour des taxes nouvelles susceptibles de combler le déficit grandissant et la lourdeur du poids qui écrase les contribuables éprouvés par la crise économique rendent les esprits sensibles aux attaques dont notre système fiscal est l'objet.

On lui reproche, et avec raison sur bien des points, de l'aveu même de ses partisans, de ne pas répartir équitablement les charges entre les contribuables. Il est rempli de dérogations au principe de la proportionnalité qui est sa base théorique. Peut-on dire que chacun paie une contribution proportionnelle à ses ressources et à sa consommation, quand les détenteurs des fonds d'Etat, qui absorbent une si grosse part du produit de l'impôt, touchent intégralement leur revenu exempté des retenues qui grèvent celui des propriétaires fonciers et des possesseurs des valeurs industrielles ?

Peut-on dire que chacun paie une contribution proportionnelle à ses facultés et à sa consommation, sous le régime des impôts indirects qui, s'adressant aux consommateurs, visent les besoins manifestés par l'ensemble de ces consommateurs, sauf à chacun d'eux à supporter une part d'impôt égale en moyenne, puisque les besoins individuels de consommation sont eux-mêmes sensiblement égaux ? Ces taxes de capitation, comme on les appelle parfois, ne tiennent compte que des quantités et non des qualités. Si elles sont d'une assiette commode et d'une productivité facile, elles entravent d'autre part l'industrie, la distribuent d'une manière factice, favorisent les grands industriels et les grands commerçants au détriment des petits, nécessitent des frais de recouvrement élevés, réclament de nombreux agents, enlevant ainsi au travail un grand nombre de bras, et enfin démoralisent le contribuable en le poussant à la fraude. Elles ont, il est vrai, des qualités fiscales très appréciables que leurs défenseurs font sonner bien haut, en particulier une grande élasticité qui leur permet de suivre le mouvement de la richesse nationale et prépare des excédents budgétaires sans lesquels les finances d'un État ne sauraient être prospères. Avantage trop souvent fictif ! L'événement prouve que ces excédents sont moins regardés comme un motif de dégrèvement, que comme un encouragement à une augmentation de dépenses. Avantage plus momentané que durable ! Ce sont les objets de nécessité qui supportent la plus grande partie des impôts indirects en raison de la base si large qu'ils présentent et des ressources considérables qu'ils fournissent, tandis que les objets de luxe qui peuvent et doivent être grevés de taxes beaucoup plus fortes procurent des sommes bien moindres. Les impôts indirects ayant pour résultat immédiat d'augmenter le coût des objets de nécessité et par suite de faire renchérir la vie, sont à cause de leur forme menacés dans leur productivité, surtout aux époques où la crise économique est presque à l'état permanent. En déprimant la situation des classes laborieuses qui composent la plus grande majorité des consommateurs, ils ralentissent la consommation et tendent à tarir ainsi leur source même.

Sous l'empire de ces diverses considérations, l'impôt sur le revenu est aujourd'hui vivement réclamé. Personne ne met en doute la justice de son principe, son adaptation plus sûre aux facultés de chacun, son effet social satisfaisant, puisqu'il donne la preuve matérielle que les riches paient des impôts une quote-part plus grande que les pauvres. Mais il a de nombreux détracteurs qui nient la possibilité de son application, dressent un sombre tableau de ses conséquences dangereuses et font valoir l'arbitraire de sa mise en pratique.

Arbitraire dans la classification des revenus fixes (relativement minimes) et précaires (relativement considérables), dans la détermination du *quantum* des facultés imposables des contribuables ; arbitraire dans l'exonération des petits revenus qu'on ne saurait atteindre par une taxe directe ; arbitraire dans la fixation de la taxe ; arbitraire dans le choix des procédés destinés à faire connaître le revenu de chaque particulier : déclaration du contribuable, taxation administrative ou présomptions légales ; encouragement à la fraude ; improductivité, si l'impôt n'est pas spoliateur, car les grandes fortunes sont relativement moins nombreuses qu'on ne le pense, et ce fait est prouvé en Prusse et en Angleterre où les éléments existent pour déterminer une statistique exacte des fortunes ; danger de voir la forme progressive s'imposer pour rétablir la productivité ; danger, même au cas d'un impôt relativement peu important, de donner la possibilité, dans une société démocratique et jalouse, aux classes inférieures de se venger des inégalités sociales qu'elles subissent, et de permettre l'exploitation de ceux qui possèdent par ceux qui ne possèdent pas ; enfin, impossibilité de restituer à la frontière cet impôt qui, frappant l'industriel, le commerçant et le travailleur, augmenterait le prix de revient des objets exportés, et mettrait notre industrie dans une situation déplorable vis-à-vis de la concurrence étrangère : telles sont les très sérieuses objections contre l'impôt sur le revenu.

L'exemple des pays étrangers où cet impôt est en vigueur détruit une partie de ces objections. La plupart d'entre elles peuvent du reste porter sur tous les systèmes fiscaux ; l'arbitraire n'en est jamais banni ; seulement il est plus ou moins apparent. La déclaration spontanée des contribuables, seul moyen pour eux d'éviter des mesures inquisitoriales, ouvre certainement une large part à la fraude. Mais n'est-ce point un fait d'expérience que pour un grand nombre de gens la question d'amour-propre suffit à contrebalancer le désir d'échapper au fisc, et ne fût-ce qu'afin de conserver leur crédit, leur intérêt les invitera à ne point produire de déclarations rabaissées ? Du reste pourquoi recourrait-on en vain à la menace d'amendes considérables alors que cette menace agit déjà efficacement en matière de successions ? Enfin c'est un dangereux argument de prétendre que le développement de la fortune mobilière rend difficile pour ne pas dire impossible, dans le système fiscal, la mise en pratique d'un principe de justice. On risque ainsi d'amener les esprits à se demander s'il n'y a pas un vice organique dans la constitution même des fortunes et dans les procédés des détenteurs de la richesse, si le revenu, trop insaisissable à l'impôt, a toujours des sources légitimes.

Ce qu'il y a de certain c'est que toute considération doit céder devant les exigences de la justice, d'autre part que toute modification au régime des impôts demande à être faite avec beaucoup de prudence. Car, la tendance qui conduit à multiplier les impôts, entraîne aussi à négliger les conditions nécessaires pour qu'ils soient justes; trop souvent elle les transforme en mesures vexatoires. Aujourd'hui on est généralement d'accord pour reconnaître que, les quatre grandes contributions directes frappant seulement plusieurs portions du revenu présumé, malgré les taxes complémentaires récemment imaginées, l'assiette de l'impôt demande à être profondément remaniée en France afin d'amener une plus équitable répartition des charges.

L'impôt personnel sur le revenu est, du reste, loin d'être chose nouvelle dans notre pays. En 1296, Philippe le Bel établit de sa propre autorité une subvention ou taxe générale que tout le monde devait payer; c'était un impôt du 50me perçu sur le revenu d'après la déclaration du contribuable avec serment prêté sur l'Evangile. Les Etats généraux de 1355 votèrent un impôt analogue dont nous examinerons tout à l'heure plus en détails la quotité. L'impôt du 10me promulgué par l'édit de 1741 était également un impôt sur tous les revenus individuels, fonciers et mobiliers; il devint l'impôt du 20me en 1749; en 1756 un deuxième 20me le ramena à un impôt du 10me; enfin de 1782 à 1786 le taux était environ d'un 16me. L'Assemblée Constituante, dans une Adresse aux Français sur le paiement des contributions (juin 1791), en parle comme de « la moins imparfaite et la moins vexatoire des anciennes impositions. »

Ceci nous amène à remarquer que sous l'ancien régime cet impôt sur le revenu n'était pas un impôt unique; il était juxtaposé à d'autres impôts dont plusieurs ne laissaient pas d'être vexatoires. Cette circonstance, peu favorable à une application équitable de la théorie, doit être un moment écartée afin de concevoir mieux son développement logique. Si l'on suppose le prélèvement opéré sur l'ensemble des ressources de chacun, il sera naturel de laisser intactes celles qui sont nécessaires à la satisfaction des premiers besoins, et ce n'est que sur l'autre partie des ressources que la justice établira l'échelle de l'impôt. L'exemption d'une certaine somme correspondant à l'entretien de la personne se retrouve en effet dans les pays, comme l'Angleterre par exemple, où l'impôt sur le revenu est complètement pratiqué ; ainsi prenons l'année 1789, exemption totale pour les revenus inférieurs à 3.750 fr. et déduction des trois premiers mille francs pour les revenus entre 3.750 et 10.000 fr., au delà desquels s'applique la taxe proportionnelle de 2 0/0. On observera qu'une telle façon de procéder fournit précisément avec la somme exemptée le point de départ d'une progression arithmétique, progression que souvent l'on poursuit en graduant le taux de l'impôt pour les sommes ultérieures jusqu'à un certain chiffre. C'est ce que nous trouvons dans l'impôt voté par les États généraux de 1355. « Les laboureurs et ouvriers gagnant moins de 5 livres par an étaient affranchis de l'impôt. Toute personne ayant un revenu de 5 à 10 livres devait payer 1/2 livre ; de 10 à 40, une livre ; de 40 à 99, 2 livres ; puis, pour les premières cent livres de revenu, on payait 4 livres, pour les autres cents, 2 livres seulement. Enfin, les nobles supportaient la taxe jusqu'à 5.000 livres de revenu, ce qui portait le maximum de leur imposition à 102 livres, tandis que les non nobles ne devaient point être imposés au-dessus de 1.000 livres, ce qui constituait un maximum de 22 livres seulement. Quant aux capitaux mobiliers qui n'étaient point atteints par la taxe, on estima leur revenu à 10 0/0 et on le frappa en conséquence, mais on ne soumettait à cet impôt mobilier que les nobles possédant moins de 100 livres de revenu immobilier et les non nobles possédant moins de 400 livres : pour les premiers, le maximum de la valeur imposable était de 1.000 livres, pour les seconds, c'est-à-dire surtout pour les riches marchands, il s'élevait jusqu'à 4.000 livres. (*Histoire des États généraux*, par G. Picot, t. I, p. 140.)

Veut-on encore remonter plus haut dans l'histoire et jusqu'à l'antiquité, afin de se faire une idée exacte de l'économie d'un pareil impôt et de sa justice, il suffit d'entendre l'auteur de l'*Esprit des lois*, l. XIII, c. XVII : « Dans l'impôt de la personne, dit Montesquieu, la proportion injuste serait celle qui suivrait exactement la proportion des biens. On avait divisé à Athènes les citoyens en quatre classes. Ceux qui retiraient de leurs biens cinq cents mesures de fruits liquides ou secs payaient au public un talent ; ceux qui en retiraient trois cents mesures devaient un demi-talent ; ceux qui avaient deux cents mesures payaient dix mines ou la sixième partie d'un talent ; ceux de la quatrième classe ne donnaient rien. La taxe était juste, quoiqu'elle ne fût point proportionnée : si elle ne suivait pas la proportion des biens, elle suivait la proportion des besoins. On jugea que chacun avait un nécessaire physique égal ; que ce nécessaire physique ne devait point être taxé ; que l'utile venait ensuite, et qu'il devait être taxé, mais moins que le superflu ; que la grandeur de la taxe sur le superflu empêchait le superflu. » L'exposition ne saurait être plus claire, mais une explication doit être donnée sur le sens de ces derniers mots : empêchait le superflu. Il s'agissait de ne pas l'encourager, le favoriser, mais non de le supprimer. Et ici, nous repoussons formellement cet impôt à progression illimitée, mis en avant quelquefois comme un moyen de niveler les fortunes, et dont c'est en effet le résultat certain et inéluctable, à tel point que, la progression ne s'arrêtant point et ne tardant pas à dépasser le chiffre même du revenu auquel on l'applique, aucune grande fortune ne suffirait à acquitter le paiement de l'impôt qui lui incombe. N'eussions-nous d'autres raisons pour nous prononcer sur l'injustice d'une opération dont l'absurdité déjà apparaît à première vue, nous pourrions du moins constater qu'elle ne répond pas à notre conception de l'impôt, qui est un prélèvement sur les facultés des citoyens. Aussi bien peut-on, avec certains économistes, renoncer à l'appellation d'*impôt progressif* qui éveille dans beaucoup d'esprits cette idée inexacte, réservant celle d'*impôt dégressif* à la notion d'une progression ascendante limitée, ainsi que nous l'avons vu par tous les exemples qui ont été donnés (1), ou plutôt d'une progression descendante destinée à protéger les revenus moyens et plus complètement encore les petits revenus.

En résumé, le principe de l'impôt sur le revenu doit être tenu pour juste par cela même qu'il comporte une certaine proportion en exemptant partiellement ou totalement les revenus inférieurs.

La conséquence de cette exemption partielle ou totale sera

---

(1) Ajouter encore, si l'on veut, l'impôt personnel et mobilier tel qu'il fonctionne à Paris, cette année même 1887 :

Loyers inférieurs à 400 fr. (loyers réels 500)		= 0	
— valeur locative	400 à 599	= 6,50	
— —	600 » 699	= 7,50	
— —	700 » 799	= 8,50	0/0
— —	800 » 899	= 9,50	
— —	900 » 999	= 10,50	
— —	1.000 et au-dessus	11,50	

de rendre plus acceptable l'établissement d'impôts légers sur les objets de consommation, si pour faire face à la multiplication des dépenses les budgets ne peuvent se passer des taxes indirectes.

De là les conclusions suivantes :

Un impôt établi sur la totalité du revenu effectif de chacun sera conforme à la justice, là où il y aura moyen d'assurer que la charge en sera répartie correctement.

Le dégrèvement de l'impôt, partiel ou total, en faveur des petits revenus, est appelé par la justice.

Sous le bénéfice de cette réserve, il n'est pas injuste d'établir des impôts légers sur les choses de consommation nécessaires à la vie.

SERVICES PUBLICS

II

L'ORGANISATION MILITAIRE

1789-1889

I

L'armée peut être considérée comme une vaste corporation instituée dans le but de protéger les intérêts de la patrie, d'assurer sa défense et de maintenir l'intégrité de son territoire. Ainsi que toute association elle doit comprendre deux grandes catégories parmi les individus qui la composent, la catégorie des dirigeants et la catégorie des dirigés, c'est-à-dire, pour employer le langage militaire, les officiers et les hommes de troupe.

Ces deux catégories particulières, bien nettes, bien tranchées, exigent chez ceux qui en font partie des conditions essentielles bien différentes; aussi, les lois organiques qui ont pour objet de réglementer le recrutement des armées doivent tenir un compte rigoureux de ces différences, sous peine de ne réussir qu'à créer une simple agglomération d'hommes sans liens sérieux entre eux, sans consistance, incapable, par conséquent, de remplir la haute et noble mission qui lui est confiée.

Les officiers sont sans doute hiérarchisés, mais tous depuis le sous-lieutenant jusqu'au maréchal de France ont la même *qualité*. Ils doivent donc, par leur éducation et les sentiments qu'elle a développés en eux, par leur instruction générale, par le milieu social auquel ils appartiennent, être revêtus d'une considération, d'un prestige qui imposent le respect à leurs inférieurs et obligent ceux-ci, en toutes circonstances, à une obéissance passive et spontanée. L'expérience a fait voir, dans tous les siècles, chez tous les peuples, que les officiers possédant ce caractère complexe, sont les seuls presque, qui toujours et en tous lieux se sont véritablement montrés dignes de leur situation.

Si le recrutement des officiers est d'une importance primordiale dans la bonne composition d'une armée, celui des hommes de troupe, quoique beaucoup plus simple, mérite de fixer l'attention des législateurs, mais surtout en raison de la perturbation qu'il apporte fatalement à l'état social normal d'un pays.

A l'origine des sociétés, nous voyons tous les citoyens validés porter les armes; mais, au fur et à mesure que ces sociétés avancent en civilisation, l'histoire nous permet de constater que le nombre des gens armés diminue, et que peu à peu la mission imposée d'abord à tous arrive à n'être confiée qu'à une faible partie de la population, pour qui elle devient alors une véritable spécialité. On peut donc dire que les nations armées des temps actuels, loin de constituer un progrès, accusent plutôt un retour à la barbarie.

Les circonstances, toutefois, peuvent obliger un peuple entier à courir aux armes, quand sa vie et son indépendance sont menacées. Il est donc nécessaire qu'une nation, jalouse du maintien de ses droits, ait, non seulement une armée d'un faible effectif, parfaitement organisée et instruite, qui lui permette de faire face à une agression partielle ou de soutenir une guerre purement politique, mais encore le droit et la possibilité de faire appel à toutes ses forces vives pour le cas *de la patrie en danger*. Il en résulte pour elle l'obligation de créer et d'entretenir avec ses ressources budgétaires une armée de métier, dite armée permanente, dont l'effectif doit lui permettre d'encadrer à un moment donné tous les éléments pouvant concourir à la défense du territoire.

Au point de vue du droit naturel, des principes de liberté, de justice et de religion, il n'est pas admissible qu'une loi puisse forcer tous les citoyens d'un pays à exercer même pour un temps très court le métier de soldat. En 1849, le Saint-Père Pie IX, pressé par le gouvernement français, qui désirait évacuer Rome, d'organiser une force militaire avec un mode de recrutement semblable à celui qui fonctionnait en France à cette époque, s'y refusa formellement, parce que, disait-il, les lois de l'Église ne lui permettaient pas d'imposer le célibat aux hommes appelés sous les drapeaux.

Partant de ces principes, il faut donc que l'armée de métier qui doit servir de noyau à l'organisation militaire d'un pays soit composée de volontaires; c'est-à-dire, de gens consentant, pour des motifs divers, à vivre de l'existence spéciale du soldat. Ce mode exclusif de recrutement par des volontaires avait été voté en 1789 par l'Assemblée nationale, après une longue discussion, et la question avait été soulevée par un très grand nombre de cahiers qui tous demandaient la suppression de la conscription et du tirage au sort. Si nous comparons cette décision de l'Assemblée nationale aux résultats du régime révolutionnaire qui aboutit à notre système actuel de *l'obligation* pour tous, nous pouvons constater combien peu, sur ce point, comme sur tous les autres, la Révolution a tenu ses promesses.

Il faut être juste cependant, et avouer que l'expérience nous a montré les volontaires toujours en nombre insuffisant; mais il convient à un état chrétien de maintenir haut et ferme le principe de la formation de son armée par le moyen des *volontaires*, en n'admettant que subsidiairement, en raison des circonstances et à regret, celui de *l'obligation*, aussi restreinte que possible.

II

Au moment où éclate la Révolution, en 1789, on peut constater que l'organisation de l'Armée monarchique repose presque entièrement sur les principes sociaux que nous venons d'exposer.

L'armée française se composait en effet, à ce moment, de troupes de métier, formées de vieux régiments possédant des cadres excellents, et recrutés par engagements. Comme, en raison des ressources aléatoires de cette époque, où le gouvernement n'avait pas à sa disposition de budget régulier, cette armée n'eût pas suffi à toutes les exigences de politique ou de défense nationale, il y avait en plus de ces régiments de métier un certain nombre d'autres régiments *dits de Milice*, recrutés au moyen d'un contingent annuel d'une dizaine de mille hommes obtenu par voie de tirage au sort et astreint au service pendant six ans. Enfin, au cas d'envahissement du territoire, le souverain pouvait convoquer par appels successifs le ban et l'arrière-ban du royaume. On appelait ainsi les hommes de chaque paroisse en état de porter les armes.

C'est cette armée royale que trouva la Révolution et qui lui permit de lutter dès le principe contre la coalition. Les révolutionnaires auraient voulu pouvoir s'en passer et ils ont bien essayé de le faire avec les fameux volontaires pour lesquels ils ont inventé une légende glorieuse, que les études documentaires ont fait disparaître aujourd'hui; mais ils furent obligés bien vite de reconnaître que ces soldats improvisés ne savaient guère que piller leurs concitoyens et assassiner leurs propres généraux. Aussi la Convention imagina-t-elle la fameuse loi *d'Amalgame*, qui fondit dans les rangs des vieilles troupes de la monarchie les volontaires et les réquisitionnaires, et donna alors à la France la forte, la vigoureuse armée dont elle avait si grand besoin.

Pour alimenter cette armée dont l'effectif était ainsi devenu considérable, on eut recours à *la conscription*. Tous les citoyens en état de porter les armes furent organisés par *classes*, et le gouvernement eut la faculté d'appeler sous les drapeaux le nombre de classes qui lui était nécessaire, ne reculant pas, s'il le jugeait à propos, devant le rappel de classes déjà libérées.

Ce système de conscription, qui représente, dans toute sa brutalité, le système de la Nation *armée*, pouvait être justifié à l'époque où la France était envahie par l'Europe coalisée; mais, il fut malheureusement continué au delà de cette époque et servit sous le Consulat et l'Empire à entretenir ces longues guerres, sans doute glorieuses, mais dont le résultat final fut la ruine, le démembrement et l'épuisement total de notre pauvre pays.

La Restauration, ce gouvernement réparateur auquel il n'a encore été rendu qu'une incomplète justice, s'efforçant de remédier au mal, revint tout d'abord, purement et simplement, au système du recrutement par les volontaires; mais, ceux-ci ne venant pas en assez grand nombre pour satisfaire aux besoins de l'effectif entretenu, elle fit élaborer une loi se rapprochant autant que possible des principes sociaux fondés sur l'idée chrétienne. D'après la loi de 1818, l'armée se recrutait, en premier lieu par les engagements, en second lieu par des rengagements, et, enfin, par l'appel forcé pour le cas où les deux premières catégories ne pouvaient fournir l'effectif déterminé; en 1824, cette loi reçut quelques modifications de détail, on mit le service à huit ans au lieu de neuf ans; mais elle resta basée sur les mêmes principes et, dès les premiers temps de son application, il fallut recourir à l'appel forcé, par voie de tirage au sort ; car, à cette époque où les idées de gloire militaire étaient si répandues, le nombre des engagés et des rengagés était toujours insuffisant.

En 1832, quand la Monarchie de Juillet voulut remanier l'organisation militaire, son premier soin fut d'abaisser à sept ans la durée du service et, symptôme plus grave, méconnaissant, peut-être en sa qualité de gouvernement révolutionnaire, les véritables principes, mit en tête de sa loi nouvelle que le recrutement se ferait d'abord par *l'appel forcé*, ne considérant que comme subsidiaires les ressources fournies par les engagements, rengagements ou remplacements.

En réalité, dans l'application cette loi ne différait de celle de 1818 que par la réduction du service, mais les principes sur lesquels étaient basées ces deux lois étaient directement opposés. Au point de vue technique, nous n'hésitons pas à le reconnaître, les lois de 1818 et de 1832 donnèrent à la France une armée admirable, à laquelle il n'est pas permis de comparer celles que nous avons vues depuis qu'elles ont cessé de fonctionner.

En 1855, l'Empereur Napoléon III, méconnaissant les causes de la solidité de l'armée qui avait donné tant d'éclat aux premières années de son règne, imbu de l'idée nouvelle que les gros effectifs valent mieux que de bonnes troupes à effectif réduit, désireux aussi d'augmenter ses ressources financières en échappant à tout contrôle, fit promulguer la loi dite de *l'exonération*.

Par cette loi qui maintenait les principales dispositions de 1832, l'effectif du contingent annuel était sensiblement élevé, mais on en exonérait une bonne partie, c'est-à-dire que l'on exemptait de tout service militaire pour le présent et l'avenir les jeunes gens qui versaient au trésor, dans une caisse appelée Caisse de dotation de l'armée, une somme fixée en moyenne à 2.500 francs.

Si cette loi avait été exécutée loyalement, elle serait arrivée incontestablement à créer une excellente armée de métier ; mais elle était surtout un moyen fiscal, c'est ce qui la perdit, et elle présentait, en outre, le grave inconvénient de rayer à tout jamais, moyennant finance, des contrôles de la défense nationale toute une catégorie de personnes, qui se trouvaient ainsi dispensées, vis-à-vis de la Nation, du devoir le plus sacré des citoyens.

Comme il était impossible, malgré les exonérations, de conserver sous les drapeaux, en temps de paix, des contingents trop considérables, on renvoyait dans leurs foyers, avec des congés renouvelables, les militaires ayant servi trois ans, et c'est ainsi qu'on a commencé à introduire dans l'esprit du peuple cette notion désastreuse pour la discipline et la force morale de l'armée, de la réduction progressive de la durée du service militaire.

Sans entrer dans des détails circonstanciés, il n'est pas sans intérêt de remarquer ici, que les lois de 1818 et de 1832 partageaient le contingent en deux portions dont la première seule était appelée, la seconde restant dans ses foyers, formant réserve. Or, à l'époque de la guerre de Crimée, quand elles durent être incorporées, ces réserves qui n'avaient jamais paru au régiment rejoignirent sans aucune difficulté les dépôts et fournirent peu après d'excellentes troupes. Quand au contraire, sous l'empire de la loi de 1855, on fit appel, pour la campagne d'Italie, aux hommes renvoyés dans leurs foyers en congés renouvelables, après trois ans de service, on eut une peine infinie à les faire rentrer au corps, et ils se montrèrent pour la plupart indisciplinés et mauvais soldats.

Cette loi de 1855 fonctionna jusqu'en 1868. A cette date, l'Empire effrayé du développement de la Prusse, et revenu de ses illusions au sujet de cette puissance et de l'Italie, voulut augmenter l'effectif des forces françaises. Pour mieux faire accepter une loi nouvelle qui faisait peser l'obligation du service sur un plus grand nombre d'hommes, on réduisit tout d'abord à cinq ans la durée légale de la présence au régiment. Par contre, la portion du contingent laissé dans ses foyers fut astreinte à des exercices de quelques mois, et on institua une garde mobile dans laquelle on incorpora avant tout, avec les heureux du tirage au sort, les jeunes gens pourvus de certaines dispenses, ou qui s'étaient fait remplacer, et avaient ainsi échappé au service militaire proprement dit. Cette garde mobile n'eut presque partout qu'une organisation incomplète; aussi, ne put-elle pas rendre en 1870 tous les services qu'on semblait en attendre.

Écrasée par les désastres de 1870-1871, la France accueillit sans trop de réflexion, et encore moins de résistance, la loi de 1872 qui, tout en maintenant le service de cinq ans, le rendait obligatoire pour tous les citoyens, violant ainsi les principes essentiels sur lesquels nous nous sommes appuyés plus haut. On a bien cherché dans cette loi à atténuer les conséquences de cette obligation pour tous en instituant une deuxième portion du contingent, ne devant pas servir plus d'une année, des engagements conditionnels d'un an, et en maintenant les dispenses ecclésiastiques et scolaires. Cette loi avait le grand défaut de ne donner au pays que des soldats trop jeunes, non rompus aux exigences militaires, et de faire disparaître forcément du rang les soldats et les sous-officiers de métier. Cependant, renchérissant encore sur ce défaut et imbue des idées d'égalitarisme révolutionnaire qui depuis 1877 ne font que progresser, la Chambre des députés vota l'année dernière une autre loi de recrutement, imposant le *service militaire personnel* à toutes les catégories de citoyens, et, par un corollaire destiné à faire accepter plus sûrement cette loi néfaste, pour la rendre plus détestable encore réduisit le service de cinq ans à trois ans, ne tenant compte ainsi ni des conditions techniques de solidité d'une armée, ni des besoins sociaux du pays. Tel est donc le principe sur lequel la Révolution tend à échafauder aujourd'hui notre organisation militaire, organisation si dissemblable de celle qui avait rendu puissante et respectée la vieille armée de la monarchie. Nous allons maintenant examiner ce principe dans ses applications et voir ce qu'il peut produire.

III

La loi présentée en 1887, qui est actuellement discutée devant le Sénat, est fondée sur l'idée égalitaire et son but avéré est d'arriver à la démocratisation absolue de l'armée. Dans son mémorable discours, lors de la présentation de cette loi à la Chambre des députés, M. le comte A. de Mun a fait ressortir avec une grande force, une grande vérité, les dangers auxquels cette démocratisation à outrance exposera notre organisation militaire; mais les sectaires qui nous gouvernent ont passé outre; périsse, ont-ils dit, l'armée plutôt que nos principes! Et ils ont fermé les yeux à toute lumière, ne voulant pas convenir que dans une vaste corporation telle qu'une armée, il existe, comme dans tous les organismes sociaux, deux grandes catégories d'individus bien distinctes, celles dont nous avons parlé, les dirigeants et les dirigés, les officiers et les hommes de troupe.

Nous avons déjà défini en quelques mots le rôle de l'officier et son caractère spécial.

On a prétendu qu'exagérant cette idée la monarchie exigeait que chaque officier fût issu d'une famille noble. Il y a là une erreur propagée par intérêt de parti. La vérité est que les usages et les règlements de l'époque établissaient d'une façon précise que tout officier avait la noblesse personnelle, qu'il avait par conséquent un rôle élevé dans la société, et que dans une famille où plusieurs générations avaient été ainsi successivement anoblies, cette famille était mise en possession de la noblesse héréditaire. Il n'y avait là, en définitive, qu'une organisation sage en rapport avec les coutumes et les exigences sociales de l'époque. Grâce à cette conception de ce que devait être un officier, la monarchie avait créé une armée remarquablement forte et bien constituée.

Mais cette conception de l'officier n'implique nullement l'existence d'un gouvernement aristocratique. Elle est commune à tous les pays même démocratiques, mais qui ne sont pas voués comme la France à l'anarchie démagogique. Washington, le fondateur de la démocratie et de l'indépendance en Amérique, apprend, dans sa retraite, qu'en raison de certaines éventualités son successeur à la tête du gouvernement des Etats-Unis a l'intention d'organiser une armée. Aussitôt il s'empresse de lui écrire et on trouve dans sa lettre ces paroles bien typiques :

« N'oubliez pas, si vous voulez que cette armée soit bonne
« et puisse rendre à l'Union les services qu'elle en attend,
« n'oubliez pas de n'y faire entrer, comme officiers, que des
« gentlemens. »

Il n'est donc pas nécessaire de prendre les officiers dans une caste aristocratique, privilégiée, mais il est indispensable, et la démocratie en Amérique le comprend, aussi bien que tous les Etats de l'Europe, sauf la France, qu'ils appartiennent à la classe dirigeante du pays.

La loi actuellement en projet cherche surtout dans ses organisations de détails à instituer que les officiers doivent provenir des rangs des sous-officiers, lesquels à leur tour sont pris parmi les soldats ; en d'autres termes, que tous ceux qui aspirent à l'honneur de commander et de devenir officiers soient astreints à débuter dans la carrière comme simples soldats. Mais la loi oublie que les qualités du soldat ne sont pas exclusivement celles qui font l'officier ; elles sont, les qualités du soldat, inhérentes et nécessaires au sous-officier parce que celui-ci est absolument de la même espèce que le soldat, il est comme lui un homme de troupe, plus complet, plus parfait même, s'il est possible de s'exprimer ainsi, devant lui servir de modèle, exerçant sur lui une autorité restreinte à peu près aux côtés pratiques de sa vie matérielle, mais ce n'est pas parce qu'il est tout cela qu'il possède les qualités nécessaires à l'officier. Ce dernier a besoin de quelque chose de plus important que ne lui donnera pas le temps qu'il passera au service comme soldat; il faut donc aller le chercher ailleurs.

D'un autre côté les débuts de la vie militaire, dans la caserne, peuvent être, suivant le caractère de certains chefs, excessivement pénibles, parfois même rebutants, d'autant plus que les jeunes gens qui y seront soumis auront contracté, pendant leur adolescence, des habitudes de toute autre nature en raison des milieux sociaux dans lesquels ils auront été élevés. Si donc tous les jeunes gens appartenant à des catégories sociales, essentiellement aptes à former des officiers, ne peuvent arriver à cette position qu'après avoir subi dans un corps de troupe les épreuves pénibles ou répugnantes dont nous venons de parler, n'est-il pas à craindre qu'au moment où ils seront appelés à décider qu'ils consentent à continuer leur carrière et à aspirer à l'épaulette, le plus grand nombre l'abandonne, au contraire, pour chercher dans la vie civile des situations plus conformes à leurs goûts naturels et à leur éducation? On éloignera donc ainsi de l'armée tous ceux qui pourraient en être l'honneur et la force, et les sous-officiers qui resteront, si bons qu'ils puissent être, formeront-ils jamais un corps d'officiers, tel que ce corps est composé dans toutes les autres nations?

La tendance malheureuse à démocratiser l'armée est déjà ancienne, elle existait dans une certaine mesure sous l'Empire. Le Prince Napoléon à son arrivée à la Présidence de la République avait pris, à ce sujet, une mesure dont le résultat fâcheux se fit voir si rapidement, que, peu d'années après, un de ses ministres crut devoir en faire l'observation et proposer des dispositions réglementaires pour enrayer cette marche croissante de l'égalitarisme. Ces dispositions ne furent pas acceptées, la démocratisation s'est accentuée et, en 1870, lors de la capitulation de Sedan, les chefs de l'armée allemande ne firent que trop comprendre, devant des chefs de l'armée française, quel était leur sentiment sur la composition de notre corps d'officiers. Malheureusement, bientôt après, il se produisit chez ceux-ci des actes réprouvés par l'honneur et le devoir militaire qui, hélas! ne justifièrent que trop cette appréciation, portée sur eux par les officiers allemands.

Si la loi nouvelle, pour la formation du cadre d'officiers, va à l'encontre de toute réelle organisation militaire, elle donne en plus un démenti, en ce qui concerne les hommes de troupe, au principe d'égalité absolue sur lequel elle prétend se fonder.

En premier lieu, il est incontestable que les jeunes gens voués aux carrières dites libérales, qui sont obligés de suspendre leurs études pendant un temps encore assez long, perdant ainsi, pour la plupart, le fruit des sacrifices dispendieux faits par leurs familles, rempliront une obligation autrement lourde que celle qui pèsera dans le même temps sur des individus sans éducation, sans instruction, sans état, pour qui la vie militaire deviendra au contraire un moyen d'existence facile et assurée.

Une deuxième atteinte au principe d'égalité est que cette loi frappe d'une façon brutale, excessive, toute la population agricole, tandis qu'elle ne pèse que très légèrement sur la population industrielle.

En effet, à toutes les époques depuis la loi de 1818, les classes agricoles ont pu présenter comme apte au service militaire de 80 à 85 pour cent de leur effectif, tandis que les classes industrielles n'ont jamais pu, en raison de leur manque d'aptitudes physiques, aller au delà de 35 pour cent de leur effectif, chiffre maximum. Tant qu'on n'a appelé que des contingents réduits ne dépassant pas le 35 pour cent des classes, la population agricole et la population ouvrière ont concouru dans une proportion égale au recrutement de l'armée; mais au fur et à mesure que les contingents ont été augmentés, du jour où ils ont dépassé le 35 pour cent de l'effectif des classes, la population ouvrière n'a plus fourni sa quote-part. Aujourd'hui où l'on veut que, systématiquement, les classes tout entières passent trois ans sous les drapeaux, la population ouvrière ne donnera jamais plus de 35 pour cent de son effectif, si encore elle peut y arriver, tandis que la population agricole verra, chaque année, de 80 à 85 pour cent de la classe quitter le travail des champs pour s'acheminer vers la caserne.

Et ce qu'il convient de remarquer, et qui fausse encore davantage le principe d'égalité si pompeusement arboré par cette Loi, c'est que dans la population ouvrière, parmi les 65 pour cent laissés dans les familles, il en est un grand nombre qui, s'ils n'ont pas les aptitudes nécessaires pour servir comme soldats, n'en sont pas moins de bons ouvriers touchant en cette qualité des salaires suffisant à leur permettre de venir en aide à leurs parents; tandis qu'au contraire dans les 15 à 20 pour cent de l'effectif de la classe agricole restant dans ses foyers, tous ceux qui ne sont pas aptes au service de soldat sont encore bien moins, à cause de cela même, aptes au service de l'agriculture, et sont par conséquent chez eux entièrement à la charge de leurs familles.

La loi présente encore pour les classes rurales des inconvénients tout particuliers. Elle favorise, entre autres, outre mesure la dépopulation des campagnes. Une grande cause de cette dépopulation provient de l'attrait irrésistible exercé sur les jeunes villageois, non seulement par les gros salaires gagnés assez facilement dans les grandes villes, mais aussi, il faut bien l'avouer, par les plaisirs grossiers qu'ils peuvent s'y procurer. Cet attrait a toujours produit son effet sur les jeunes gens des campagnes et on a par conséquent retenu une proportion notable dans les cités, alors qu'ils avaient terminé leur temps de service et qu'ils se voyaient obligés de rentrer au village pour y vivre mesquinement et ennuyeusement du travail pénible du paysan. Tant que les contingents ont été faibles et réduits, ces sollicitations fatales, n'agissant que sur un petit nombre, ne pouvaient par elles-mêmes devenir bien dangereuses ; mais à mesure que les contingents ont grossi, l'effet de ces sollicitations a augmenté d'intensité. Lors donc que tous les jeunes gens des campagnes auront été appelés à vivre trois ans dans les villes, soumis à ces excitations, à ces plaisirs, entraînés par l'exemple des ouvriers qui auront abandonné la vie rurale pour trouver les gros salaires qu'elle ne peut procurer, il est bien à craindre qu'il n'y ait parmi ces jeunes gens un nombre considérable qui, à l'expiration du temps de service militaire, se refuseront absolument à retourner aux champs, à y reprendre la vie de labeur ingrat mal rétribué dont ils seront, du reste, presque désaccoutumés, et sans y trouver comme compensation les distractions de toute sorte dont ils auront pris l'habitude.

Sans entrer dans les questions d'ordre purement technique, dont nous n'avons pas à nous occuper ici, nous pouvons affirmer cependant qu'il sera difficile d'incorporer le contingent tout entier et de le garder ainsi complet pendant trois ans. Il faudra donc ramener par des subterfuges ces trois ans à 2 $^{1}/_{2}$ et même à deux seulement ; et comme la loi admet avant tout qu'il est indispensable de faire passer un certain temps, sous les drapeaux, à tous les jeunes gens des classes, elle continuera à appeler périodiquement, sous prétexte de compléter leur instruction militaire, ceux qui seront versés dans la réserve. Or ces appels périodiques qui se font aujourd'hui, de la réserve et de l'armée territoriale, sont d'un effet déplorable à divers points de vue, sans avoir une bien grande utilité pour leur instruction militaire. Ces hommes abandonnent leurs familles pour retourner à la caserne et retrouver dans la ville, pendant 13 ou 28 jours, la vie que la plupart ont quittée à regret; ils profitent de l'argent qu'ils ont emporté de chez eux afin de se procurer quelques douceurs, pour se replonger avec frénésie dans les plaisirs grossiers dont ils ne jouissaient plus au village; et ces jeunes hommes, presque tous mariés, rentrent dans leurs foyers souvent avec le germe de maladies honteuses dont l'effet désastreux ne se fera que trop sentir sur les générations futures.

Cette loi actuelle est donc funeste à tous égards : mauvais principe de recrutement pour les officiers; distribution inégale des charges du service militaire sur l'ensemble de la population; démoralisation de la famille et surtout de la famille agricole. C'est donc là où nous sommes arrivés après cent ans de révolution, avec la répudiation des principes sur lesquels doivent s'appuyer les nations chrétiennes jalouses de maintenir chez elles un ordre social conforme à la religion, à la justice et aux saines traditions !

IV

Nous pensons donc qu'il est nécessaire pour la France de revenir à ces véritables principes que l'école révolutionnaire lui a malheureusement fait abandonner, et qu'il lui serait facile, avec tous les éléments dont elle dispose, de se constituer une armée forte, énergique, bien commandée à tous les degrés de la hiérarchie, en état enfin de satisfaire à toutes les exigences légitimes.

Il conviendrait pour cela : 1° d'assurer le recrutement des officiers parmi les jeunes gens instruits, appartenant à des milieux sociaux susceptibles de permettre le développement des sentiments qu'ils doivent posséder.

2° De former une armée permanente de métier, solide, composée de gens consentant à servir pendant la paix, et subsidiairement si cela est indispensable de la porter à l'effectif nécessaire au moyen d'un petit contingent annuel astreint à un service de longue durée; contingent obtenu par le tirage au sort pour la formation duquel on accepterait les substitutions et le remplacement de façon à le rendre encore plus léger aux populations. Celles-ci seraient encore ainsi tenues à un sacrifice, mais il serait peu de chose à côté de celui qu'elles font actuellement et il n'en résulterait aucune perturbation pour leur économie. On obtiendrait donc une armée sérieuse chargée d'encadrer, au cas de la patrie en danger, les forces vives de la nation, mais qui ne serait en temps de paix qu'une charge budgétaire ne portant aucune atteinte au développement intellectuel du pays, aux intérêts de son agriculture, de son commerce et de son industrie.

3° De maintenir le principe du service obligatoire jusqu'à quarante ou quarante-cinq ans, pour le cas seulement de la défense territoriale, de la patrie en danger, et dès le temps de paix organiser ces immenses réserves en leur donnant l'instruction professionnelle suffisante, par communes et par cantons, évitant ainsi pour les jeunes gens l'éloignement de la famille, la vie de la caserne et les graves immoralités de la garnison.

C'est une organisation qu'il est moins difficile d'établir qu'on ne peut le croire au premier abord ; elle est en vigueur depuis longtemps dans certaines contrées qui s'en trouvent très bien, et elle se rapproche enfin complètement de ce que nous appelions autrefois en France l'organisation du ban et de l'arrière-ban. Au moment du danger, ces réserves instruites dans leurs foyers seraient convoquées suivant les besoins des corps d'après des états de répartition dressés à l'avance, dans l'armée permanente, sauf dans les armes de la cavalerie et de l'artillerie de campagne, qui ne devraient recevoir d'autres hommes de réserve que ceux ayant déjà servi chez elles.

Nous le répétons, nous n'avons pas à traiter ici la question au point de vue technique, mais le projet que nous soumettons ici est parfaitement applicable, et comme il est autant que possible d'accord avec les principes chrétiens sur lesquels nous nous sommes appuyé au commencement de ce mémoire, il nous semble intéressant de l'offrir à l'étude de tous nos confrères.

SERVICES PUBLICS

III

L'ASSISTANCE PUBLIQUE

1789-1889

L'Assistance bien organisée doit donner pleine satisfaction aux besoins de tous les *invalides* de la vie et du travail, pour les deux sexes et à tous les âges :
1° Dans l'ordre social ;
2° Dans l'ordre économique ;
Par des institutions représentant à la fois *la justice, la charité, la mutualité, et la répartition proportionnelle* des devoirs privés et publics.

Tel a été dans son ensemble, pour la vieille France, le caractère de l'Assistance générale ou particulière.

Nous ne pouvons dans ce Mémoire qu'en donner un aperçu. Il se compose d'abord d'un exposé sommaire de la situation de notre pays à cet égard au moment de la Révolution.

Il comprend ensuite une série de courtes notices essentiellement documentaires, propres à donner l'idée la plus précise de cette situation.

*_**

La France compte, en 1789, 44.000 paroisses, d'après une évaluation faite par l'abbé Sieyès dans ses *Observations sommaires* sur les biens ecclésiastiques, plaidoyer d'une merveilleuse logique.

Ces 44.000 paroisses forment comme autant de grands, moyens et petits patrimoines des pauvres.

Elles ont en immense majorité une ou plusieurs confréries, soit de métier, soit de dévotion, soit de l'un et de l'autre, également pourvues de patrimoines. Dans les circonscriptions urbaines ou rurales de ces paroisses sont établies multitude de communautés d'hommes et de femmes, dont l'Assistance rayonne sous toutes les formes.

Ces paroisses, d'autre part, se rattachent en nombre plus ou moins considérable à des communes, en possession de revenus à l'usage exclusif des pauvres, destinés tant à soulager leur misère qu'à leur procurer des moyens d'existence.

Communes, paroisses, confréries, corporations, communautés religieuses des deux sexes ont, pour la plupart, des institutions d'ancienne ou nouvelle date, créées en vue d'assurer du travail et des secours.

Beaucoup de ces communes jouissent de grosses rentes, dont une portion notable est consacrée à l'assistance la plus variée.

Quantité de fondations, dues à l'initiative individuelle et collective, remplissent un rôle analogue, non seulement dans les grandes villes, mais encore dans des cités d'importance moyenne, dans les bourgs et dans les villages.

L'Assistance est essentiellement localisée comme la vie, dans l'ancienne France.

A l'intérieur et en dehors de ces communes foisonnent les habitations de la classe élevée, dont la générosité s'étend sur une échelle conforme aux traditions, aux mœurs, à la vitalité chrétienne des familles.

Les autorités provinciales de tout ordre coopèrent également, et par des dons de circonstance, et par des fondations, à l'action sociale qui se produit dans les autres milieux.

Evêques, gouverneurs, intendants, présidents au Parlement, Etats, Assemblées prennent fréquemment une part notable à ces manifestations de la vie charitable.

Les naissances, les baptêmes, les mariages de prince, les réjouissances nationales de différents caractères, les grandes solennités religieuses, les fêtes patronales, etc., sont constamment accompagnés de distributions extraordinaires de secours, de dotations pour la jeunesse des deux sexes, les infirmes, les vieillards, etc.

Communes, paroisses, couvents, corps de métier, confréries, gouvernements provinciaux rivalisent souvent de munificence à cette occasion.

Les princes du sang, dans leurs apanages, s'attachent, particulièrement vers la seconde moitié du xviii° siècle, à créer, à développer, et surtout à perfectionner les institutions d'Assistance. A l'instar des souverains, ils prodiguent les bienfaits dans leurs voyages et leurs déplacements de villégiature, de chasse, etc.

Epidémies, disettes, calamités quelconques sont invariablement l'objet de largesses. Les actes de dévouement insigne, de probité extraordinaire, de vertu, de mérite, de courage hors ligne, signalés constamment à leur attention, trouvent toujours des récompenses qui dépassent de beaucoup ce qu'on pouvait en attendre.

Il arrive même souvent que les récompenses se transforment en institutions, par des revenus affectés aux personnes qui auront renouvelé ces actes si hautement approuvés. C'est l'encouragement au bien érigé en principe d'action sociale.

L'Assistance publique, dans l'ancienne France, représentait exclusivement la participation du pouvoir central à l'œuvre des groupements de secours mutuels ou de pure charité qui pullulaient, dans le sens le plus absolu du mot.

Sous l'action sans cesse croissante des Capétiens, elle avait pris le caractère d'une institution nationale. Mais, tout en étendant systématiquement sur les établissements hospitaliers l'ingérence administrative des représentants du souverain, elle ne portait en aucune façon le cachet d'un monopole.

Elle rayonnait sans absorber ; elle fonctionnait d'une extrémité à l'autre du pays sans s'imposer ni accaparer.

Elle ne pouvait même pas être considérée comme le pivot de l'Assistance nationale.

Les *ateliers de charité*, comme les bureaux compris sous cette dénomination, fondés par l'initiative individuelle ou collective, restent en pleine jouissance de leur autonomie, alors même que le gouvernement leur prête un concours puissant en fait de privilèges, et surtout d'argent.

En résumé, l'Assistance publique dans la vieille France, au lieu de former un organisme dont l'Etat est le grand moteur, représente un système planétaire s'équilibrant avec cent autres.

C'est l'harmonie de la pluralité des mondes, dans l'unité de la socialisation très chrétienne.

LA GENÈSE DE L'ASSISTANCE

Le deuxième Concile de Tours, tenu en 567, avait inauguré l'assistance communale par les stipulations suivantes : « Que chaque cité nourrisse d'aliments convenables les pauvres qui y sont domiciliés, suivant l'étendue de ses ressources ; que les prêtres et les autres citoyens y contribuent, afin que les pauvres ne se rendent pas dans les autres localités. »

La famille communale se greffe ainsi sur la famille chrétienne ; elle s'épanouit comme elle dans des institutions qui forment le nœud vital de l'Assistance publique.

Charlemagne semble se borner à codifier les coutumes dérivées de la législation chrétienne dans ses Capitulaires qui présentent un ensemble de prescriptions tendant à l'organisation d'une Assistance publique prenant un caractère général.

Ainsi, pour venir en aide aux classes laborieuses de la campagne et des villes, dans les mauvaises années, il tarifie le prix des grains ; il empêche les spéculateurs d'accaparer les navires en établissant une moyenne d'approvisionnement en rapport avec les chiffres de la population ; il décide que les produits de consommation seront vendus dans ses domaines au-dessous du cours normal fixé par les édits. Le muid ou boisseau d'avoine est taxé à un *denier ;* le boisseau d'orge à deux, celui de seigle à trois, celui de froment à quatre. « Mais, dit le Capitulaire donné au Synode de Francfort, 794, si on préfère vendre sous forme de pain, on donnera pour un denier douze pains de froment pesant chacun deux livres, ou pour le même prix et en pain du même poids quinze pains de seigle ou vingt pains d'orge.

« Quant aux récoltes royales, si elles sont mises en vente, on remettra pour un denier deux boisseaux d'avoine ou un boisseau d'orge, pour deux deniers un boisseau de seigle, et pour trois deniers un boisseau de froment. *Celui qui tient de nous un bénéfice doit prendre garde, selon ses facultés et avec l'aide de Dieu, que les gens de condition serve soient à l'abri de la faim, et que la partie de récoltes qui dépasse les besoins de sa famille soit vendue librement au prix établi.* »

A l'occasion d'une cruelle disette, en 805, Charlemagne ordonne aux représentants supérieurs de son pouvoir une distribution générale de secours ; il exige, en outre, que les grains soient vendus à un taux modéré ; il en défend l'exportation : « Que, devant les tribunaux, on ne méprise pas les réclamations... *des veuves, des orphelins et des pauvres ;* qu'au contraire, on prenne soin de s'occuper aussitôt de leurs affaires. »

Il commande aux seigneurs, ou plutôt à chacun de ses féaux, « *de nourrir leurs pauvres sur le revenu de leurs bénéfices ou de leur patrimoine,* et de les empêcher de se livrer au vagabondage. »

Charlemagne, dans son plan gouvernemental d'Assistance publique, comprend :

1° Les hôpitaux ; 2° les refuges ; 3° les secours de toute nature ; 4° le prélèvement régulier des revenus ou du bénéfice ; 5° la tarification des denrées ; 6° l'enseignement primaire gratuit de tous les enfants pauvres, à la ville comme à la campagne.

La paroisse, l'évêché ou le monastère forment chacun de leur côté une sorte de siège social syndical de tout le gouvernement pourvoyeur de la faiblesse, de l'indigence, de la maladie, de l'infortune, des infirmités, etc.

*

Louis IX établit un principe permanent et régulier d'Assistance publique par le pouvoir suprême dans ses lettres d'octobre 1260, réglant les aumônes qui doivent être faites annuellement. Cette aumône est déjà traditionnelle, mais elle n'a pas un chiffre déterminé. Saint Louis l'a fixé à 2.619 livres parisis, soit trente mille livres.

En outre, soixante-trois muids de blé et soixante-huit milliers de harengs doivent être distribués aux pauvres dans les monastères et autres lieux de dévotion.

Dans le cours de son règne Louis IX avait comblé de bienfaits l'Hôtel-Dieu de Paris. Fontainebleau, Pontoise, Compiègne, Vernon et d'autres villes de la France capétienne s'étaient, grâce à ses libéralités, trouvées en mesure de bâtir des hôpitaux. Saint Louis, non content de fonder les Quinze-Vingts pour les aveugles, entretient dans le voisinage de ses résidences un contingent de pauvres incapables de gagner leur vie. Les commissaires enquêteurs qui parcourent en son nom les différentes provinces du royaume sont chargés de dresser dans chaque paroisse un rôle « des laboureurs indigents et infirmes. » Ces listes sont transmises au roi qui pourvoit à la subsistance régulière des individus signalés.

« Quand aucuns de ses familiers, dit Joinville, murmuraient de ce qu'ils faisaient si grands dons et aumônes et disaient qu'ils y dépensaient moult, le roi répondait qu'il aimait mieux faire grandes dépenses en aumônes que en bombances et vanités.

« Aie le cœur doux et piteux aux pauvres, disait-il à Philippe le Hardi dans la sublime instruction dictée sur son lit de mort, et les conforte et aide en ce que tu pourras. »

Louis IX fit à toutes les institutions d'assistance établies à cette époque des legs dont le total est évalué à plusieurs millions.

C'était l'exécution initiale de tout un programme d'assistance pour le pouvoir public. Ce prince — le plus saint roi, comme dit Bossuet, qu'on ait vu parmi les chrétiens — publia sous le titre de *Jugement d'Oléron* un code maritime de protection spéciale, dont l'article 30 entre autres stipulait que les épaves des naufrages restés en déshérence devaient être vendues pour que l'argent provenant « d'icelles fût distribué *aux pauvres, à la dotation des pauvres filles et aux autres œuvres pitoyables* selon raison et conscience. »

Hôtels-Dieu.

L'administration des grands établissements hospitaliers confiée presque exclusivement aux Ordres religieux, aux membres du clergé seuls, passe généralement entre les mains des laïques dans le courant du xiv° siècle. Le Concile de Vienne se prononce en faveur de cette transformation. Le Concile de Trente l'approuve et en fait même l'objet d'une stipulation rigoureuse.

François Ier et Henri II, entrant dans cette voie, décident que les administrateurs des hôpitaux « ne seront ni ecclésiastiques, ni nobles, ni fonctionnaires, mais marchands, simples bourgeois, économes, instruits des affaires. » Leur nomination était attribuée aux fondateurs. Quand les fondateurs n'étaient pas connus, les établissements revenaient au domaine royal. Ils ressortissaient alors à la grande aumônerie, mais n'en gardaient pas moins une autonomie complète pour la gestion de leurs affaires.

L'ordonnance du 12 décembre 1698 avait réglé l'administration ou, selon la formule, la police des hôpitaux d'institution publique.

Aux termes de cette ordonnance, chacun de ces hôpitaux doit avoir un *bureau ordinaire de direction* composé du premier officier de la justice du lieu, en son absence de celui qui le représente, du procureur du roi en siège ou du seigneur, du maire du lieu, des échevins, consuls ou autres ayant pareille fonction, et du curé. S'il y a plusieurs paroisses, les curés sont appelés à y entrer chacun pendant un an et tour à tour, à commencer par le plus ancien.

De plus, de trois en trois ans, on choisit dans les assemblées générales les représentants des divers groupements locaux. Le bureau est tenu de s'assembler une fois la semaine. Le trésorier ou receveur est nommé tous les trois ans par la direction.

En 1693, une ordonnance étend ce régime à toutes les maladreries, léproseries et autres lieux pieux dépendant de Notre-Dame du Mont-Carmel et de Saint-Lazare, ainsi qu'aux autres hôpitaux militaires.

Les établissements hospitaliers qui ne dépendent pas exclusivement de la juridiction centrale sont soumis à la surveillance des pouvoirs locaux. Elle est essentiellement municipale et corporative dans l'acception synthétique du mot. L'autorité royale n'exerce qu'un droit de contrôle.

L'hospice se distingue de l'hôpital en ce qu'il sert à secourir les pauvres d'un quartier ou de telle catégorie. La France urbaine et rurale surabonde en fondations de ce genre. Elles fournissent les étapes des pèlerins, des pauvres, des artisans sur toutes les routes de grande et moyenne communication. C'est l'auberge de tout passant besogneux.

Le droit à l'asile sur toute l'étendue du pays est une institution nationale, partie intégrante du patrimoine.

L'Aumône générale de Lyon.

La grande initiatrice de l'Assistance, c'est l'Eglise. Dès qu'elle s'est acquis dans notre pays une situation prépondérante, elle dirige les plus vigoureux efforts sur la fondation d'établissements hospitaliers destinés à recueillir tous les déshérités de la vie. *Hôtel-Dieu, Maison-Dieu, Aumône, Charité, Miséricorde* se multiplièrent sous l'énergique impulsion des évêques et des chefs de communautés.

L'organisation intérieure laisse trop souvent à désirer. Les services sont confondus. Beaucoup de ces Maisons-Dieu semblent ne former que des caravansérails de la charité. La persévérance, le temps et la législation finissent par amener une solution non moins nécessaire au point de vue moral que sous le rapport physique.

On peut suivre, en quelque sorte, étape par étape, les progrès réalisés à cet égard dans l'histoire de l'*Aumône générale* de Lyon. Cette institution caractérise par son ensemble l'Assistance publique dans son plus complet essor local. C'est au milieu du xvi° siècle que, déjà vieille de 800 ans, elle atteint son apogée.

Les receveurs de l'*Aumône générale* publient « une économie générale de l'institution qui en donne l'idée la plus avantageuse. Les Recteurs au nombre de seize représentent le clergé, la magistrature, la bourgeoisie, le commerce et les métiers. Chacun d'eux, élu en assemblée générale, se charge de fonctions exclusivement en rapport avec sa compétence professionnelle. Au-dessous d'eux se trouve le *receveur ecclésiastique* qui préside le bureau qui recueille les voix et les opinions pour les choses à délibérer », mais dont le vote ne compte que pour un.

L'Aumône générale a son officier *de justice*, son avocat, son intendant des bâtiments, son trésorier général, son ordonnateur de l'achat, de la vente et de la répartition des bleds, ses distributeurs de secours en nature ou en espèces.

L'aumône en pain et en argent se fait tous les dimanches à six heures du matin, de Pâques à la Toussaint; à sept heures, de la Toussaint jusqu'à Pâques. Les receveurs sont obligés de procéder en personne à l'opération. Chaque pauvre est secouru proportionnellement au besoin qu'on lui connaît.

Les *capitaines de quartiers* dressent pour tous ceux qui sont dans la misère des rôles qui sont portés au grand bureau. Le conseil des receveurs dépouille et dresse la liste à bon escient.

Les personnes tombées d'une situation prospère dans la misère sont également l'objet de la sollicitude des receveurs. Elle est essentiellement discrète et délicate, soit dans les informations, soit dans la transmission des secours. Elle est en même temps pleine de munificence. D'après le livre de l'*Aumône générale* ces secours se montent annuellement à une grande somme d'argent.

Tous les trois mois, les receveurs exécutent la révision de la liste générale de leur clientèle à la suite d'investigations personnelles. Tous les lundis, séance de bureau pour les affaires courantes ; « afin qu'aucun pauvre ne pâtisse, on pourvoit aussitôt à toutes les demandes faites régulièrement. »

Les pauvres étrangers, de passage à Lyon, ne sont pas oubliés. Ils ont leur logis assuré pour un certain nombre de journées. Les recteurs s'enquièrent par des délégués spéciaux du mouvement de la population flottante, le contingent moyen en est compté.

Les refuges qui leur sont destinés sont visités par des représentants de l'*Aumône* chargés de distribuer des secours en nature ou en argent. L'*Aumône* pourvoit à leur rapatriement s'ils le demandent.

**

Il y a toute une organisation spéciale pour l'assistance donnée aux veuves, aux femmes chargées d'enfants, aux orphelins. Les filles adoptives de l'Aumône ont une résidence spéciale à Sainte-Catherine. A leur tête se trouve une femme d'âge compétent, « de bonne vie et mœurs, bien famée, qui les instruise et les élève à toutes sortes de vertus et leur apprenne ce qui est propre à ce sexe, afin que *par leur labeur* se puisse retirer quelqu'une qui serve à leur entretien et nourriture. »

On leur fournit leur trousseau. On leur donne une petite dot pour se marier et s'établir.

C'est d'autre part à Saint-Martin de la Chanal que se trouvent les enfants adoptifs de l'Aumône entourés des soins les plus touchants pour leur éducation chrétienne, leur instruction professionnelle, leur conduite dans la vie, leur connaissance d'un métier et le choix d'une carrière.

**

L'Aumône a ses manufactures. Un receveur se charge de pourvoir à leur fonctionnement. Elles sont destinées, dit le règlement, « à procurer aux pauvres des travaux pour les empêcher d'être à charge à eux-mêmes et aux autres. »

Détail digne d'attention, le receveur est tenu « de débattre les prix avec ceux qui donnent l'ouvrage au plus grand avantage qu'il peut pour les pauvres », afin que, en aucune façon, les pauvres ne soient frustrés de leur travail.

Le receveur contrôle les livraisons. Les travaux consistent dans le tissage de la soie. Dès que les enfants manifestent des aptitudes pour le métier, on les met en apprentissage.

Le quart de la main-d'œuvre est laissé aux pauvres nourris, logés, chaussés, entretenus par l'hôpital.

En quoi consiste la nourriture ?

Trois quarts de livre de viande par jour, soupe matin et soir, ration de vin : tel est l'ordinaire pour les pensionnaires en bonne santé.

Malades, petits enfants et vieillards, femmes en couches, mères allaitant ont un régime spécial.

Dès le matin à sept heures ou huit heures, bouillon. Un verre de vin par personne, mouton ou veau, au choix, pain blanc « du meilleur froment » forment le menu des autres repas. Le maigre est interdit d'après les prescriptions du médecin.

Tous les instruments de travaux professionnels pour les deux sexes sont fournis par l'établissement.

Un magasinier général est chargé de les conserver et de les livrer.

Le service vestimentaire est confié à un drapier *Maître général de la garde-côte*.

Le costume est pour les hommes en serge l'été, en drap l'hiver. Il est de diverses nuances pour les femmes et les jeunes filles.

Veut-on avoir un aperçu des bâtiments de l'Aumône générale ?

Le centre, formé de quatre grandes constructions parallèles, possède une cour commune.

A l'entrée, droite et gauche, pavillon contenant les archives, les bureaux, la salle des Pas-Perdus, les magasins d'habillement. Construction latérale de droite, dortoirs pour hommes, dortoirs pour enfants. A gauche dortoirs pour femmes et filles.

Le carré opposé à l'entrée, panneterie, cuisines, réfectoires de femmes, — logement des employés, réfectoires d'hommes.

L'aménagement adopté pour la construction principale se renouvelle dans tous les autres bâtiments agglomérés, on y compte huit cours flanquées chacune de quatre corps de bâtiment.

L'église ouverte au public est sur la gauche de l'édifice, les servitudes sont sur la droite.

En résumé, superbe monument, admirablement approprié à sa destination.

Le livre dont nous parlons conclut en ces termes : « Il faut avouer que les Lyonnais sont le peuple du monde que la charité, la vertu des anges, a trouvé plus capable de son empire et que c'est la ville de Lyon qu'elle a choisie pour régner sur la terre. »

Eloge absolument mérité.

La taxe obligatoire des pauvres au XVIᵉ siècle.

Henri II, dans son ordonnance du 13 février 1551, enregistrée le 26 du même mois au Parlement, stipule « que les commis et députés de la cour du Parlement qui ont prêté serment doivent faire le plus diligemment possible inquisition et recherche pour savoir de chacun habitant d'icelle notre dite ville et faubourgs de Paris ce que libéralement il voudra donner et aumôner par chacune semaine pour aider à la nourriture et entretien des dits pauvres — et que de leurs offres, refus et rapports, il soit fait rôle en chacune paroisse. Lesquels rôles contenant les dites offres soient incontinent portés par devant notre dite cour du Parlement pour iceux être procédé par eux ou par ceux qu'elle commettra en cet endroit à *taxer* chacun habitant de notre dite ville de Paris et faubourgs d'icelle à une somme de deniers par chacune semaine au regard de leurs offres et facultés ainsi qu'il appartiendra de raison.

« Et voulons que chacun habitant en quelque qualité que soit qui aura refusé de payer la taxe à laquelle il aura été coté et imposé par la dite cour ou ses commis et députés soit exécuté et contraint de payer sa dite taxe. »

Le 15 août 1561, Charles IX rend un édit établissant l'organisation générale de l'Assistance.

Il *impose* une taxe déclarée obligatoire à tous ceux qui tiennent charges, fonctions, bénéfices du roi. L'article 73 de l'ordonnance de 1566 stipule que *les pauvres de chacune ville bourg et village doivent être nourris et entretenus* par ceux des dites villes, bourgs et villages dont ils sont natifs et habitants.

Et à ces fins seront les habitants tenus de contribuer à la nourriture des dits pauvres selon leurs facultés, à la diligence des maires, échevins, conseillers et marguilliers.

ASSISTANCE PAROISSIALE SAINT-SULPICE
1777-1778

(B. N. Pièces relatives aux pauvres de Saint-Sulpice. R. 1502.)

Le supplément à l'ordre d'administration établi pour le soulagement du pauvre porte au début : Tout ce que nous avons établi dans la paroisse pour le soulagement des pauvres ayant réussi au delà de nos espérances, nous ne pouvons que féliciter ceux qui l'habitent d'avoir donné à la capitale et à tout le royaume l'exemple le plus utile et le plus capable de remuer les cœurs...... Avec quel zèle les personnes de tous les états ne se sont-elles pas employées au soulagement des pauvres! L'ordre d'administration a été suivi avec une facilité qui paraîtrait incroyable si la preuve n'en était manifeste. Les informations ont été faites avec soin ; les bureaux d'assemblée tenus régulièrement suivant la forme prescrite ont été nombreux et composés de ce qu'il y a de plus distingué. Nous ne saurions dépeindre l'intérêt avec lequel les Dames de charité sont entrées dans le détail des misères des pauvres. Jamais la charité ne s'est montrée d'une manière plus touchante et plus efficace. Les pauvres ont été secourus abondamment, consolés dans leurs maux et visités par des personnes du plus haut rang. »

Voilà des constatations qui, en raison même de leur date, suffiraient pour démontrer que la classe élevée était loin, au cœur même de Paris, d'être démoralisée, pervertie et déchue de son rôle social comme le prétendent les apologistes de la Révolution.

Le rapport ajoute : « De tels succès ne doivent-ils pas faire espérer que nous parviendrons enfin à ne laisser aucune famille dans l'indigence? »

Dépenses depuis le premier octobre 1777 jusqu'au premier octobre 1778.

	l.	s.	d.
136 layettes............	952		
Lait et farine pour 290 enfants........	3.450		
Mois de nourrices de 43 enfants......	1.532	8	
14 écoles gratuites de garçons ou de filles, maîtres, maîtresses et entretien......	6.019	16	9
Apprentissage de métiers...........	1.500		
Pain des apprentis et apprenties.......	5.870		
Habillements de 30 garçons et 48 filles....	1.404		
Habillements de 180 personnes, tant hommes que femmes................	3.240		
555 chemises et autres linges pour les pauvres	2.421		
351 lits et couvertures............	3.840	8	3
Bois distribué pendant l'hiver.........	3.152		
Petites pensions par mois à 270 personnes de l'un ou de l'autre sexe, âgées ou infirmes.	15.800		

Secours extraordinaires, donnés pour relever
   de pauvres familles, rétablir leur commerce
   et, en général, pour le soulagement des
   pauvres honteux 57.367

« Les dépenses pour les malades, qui sont habituellement au nombre environ de 100, montent tous les ans à plus de 30.000 livres.

De plus nous avons donné, pendant l'hiver dernier, 126.000 livres de pain à 6 liards la livre et 300 rouets à filer du lin et du chanvre.

Nous ne parlons pas des avances considérables que nous avons déjà faites pour les nouvelles institutions dont la dépense continue toujours. »

Etablissements formés pour faire subsister les pauvres.

« Le travail est la sauvegarde des mœurs, de la religion même, de toutes les vertus et, par conséquent, du bonheur de la société ; la tempérance et l'économie l'accompagnent, l'abondance le suit et, à l'exception des infirmes ou vieillards qui doivent être largement secourus, s'il est des mendiants de profession, ils ne se forment que dans l'oisiveté, ainsi que les prodigues et les dissipateurs. Voilà pourquoi nous avons formé les établissements dont nous faisons ici l'énumération et dont l'objet, étant d'assujétir les pauvres au travail, remplira notre ministère à son égard. »

ARTICLE I. — *La filature du lin et du chanvre.*

« Ce genre de travail vaut tous les ans environ vingt mille livres au profit des pauvres dans l'étendue de la paroisse. »

ARTICLE II. — *La broderie.*

« Le travail des brodeuses a produit cette année 4.300 livres. »

ARTICLE III. — *La couture en linge.*

« Les couturières ont gagné cette année 5.000 livres. »

Article IV. — *Travail pour les hommes.*

« M. le Lieutenant de police a donné ordre à un inspecteur d'occuper à la propreté des rues et autres ouvrages nécessaires, les hommes adressés par la paroisse, à la charge de leur payer 14 sols par jour. »

Article V. — *Établissements pour les enfants de l'un et de l'autre sexe.*

« Nous avons quatre maisons, deux pour les garçons et deux pour les filles, propres à rassembler tous les enfants de la paroisse que les parents sont hors d'état de nourrir et d'élever. »

Article VI. — *Le prêt gratuit et le pain de charité.*

« Nous avons supprimé le pain fait exprès pour les pauvres et leur donnons au prix de six liards la livre du pain blanc à choisir chez huit boulangers différents. Nous avons établi le prêt absolument gratuit ; un fonds de 12.000 livres que nous y avons destiné équivaut à plus de 40.000 livres données en aumônes et se conserve toujours. »

Article VII. — *L'hospice de charité à Notre-Dame de Liesse, près de l'Enfant-Jésus, rue de Sève.*

« Nous avons un hospice de charité qui sera comme l'infirmerie de la paroisse : les pauvres qui ne peuvent être soignés chez eux et vraiment sans asile, eu égard à leur état de maladie, y sont seuls reçus. — Ils sont au nombre de cent vingt, soixante hommes et soixante femmes. »

TESTAMENTS

On a dit que l'esprit chrétien disparaissait presque exclusivement des classes élevées à la fin du XVIIIe siècle. Les testaments de cette époque, dont l'exhumation se rattache à la reconstitution de l'histoire, montrent, dans une foule de cas, le contraire de cette assertion. M. Combien, l'auteur d'une très intéressante monographie intitulée : *Testaments du XVIIIe siècle, dans le bailliage de Vermandois*, s'exprime, au début de son étude, en ces termes : « Les plus hauts comme les plus humbles des testateurs paraissent obéir à l'esprit de charité qui conduisait à la constitution d'un patrimoine pour l'Eglise et pour les pauvres, et à l'esprit de famille qui dictait les mesures propres à sa perpétuité. Le tiers-état maintenait la perpétuité de la famille par la réserve du naissant, et la noblesse par le droit d'aînesse. La faculté de tester était entière. L'article 1ᵉʳ de l'Ordonnance de 1747 avait permis à tout le monde la substitution. »

A un point de vue général, testateurs grands et petits ont un objet capital de préoccupation : c'est leur salut. Le service funèbre, les messes, le paiement des dettes. On donne aux églises, aux prêtres, aux chapitres, aux pauvres, aux hospices, aux Frères, aux écoles chrétiennes.

En 1772, l'archidiacre Tirplon de Laon assure 50 livres annuelles à apprendre un métier à un ou deux enfants. Claude Marq, procureur fiscal du comté d'Urmainvilliers, consacre une rente de 50 livres pour faire apprendre un métier à un orphelin de père et de mère. Un autre lègue de quoi faire habiller vingt pauvres. L'Evêque de Rochechouart lègue une somme considérable pour les familles honnêtes tombées dans l'indigence. On s'occupe également beaucoup de serviteurs qui reçoivent généralement des legs, rentes, sommes, mobiliers, habitations.

Que sont devenus tous ces legs faits en faveur de pauvres gens à l'approche de la Révolution ?

Beaucoup de ménages sans enfants lèguent aux survivants par bonne affection et bonne intelligence.

En 1713, François Bidal, seigneur d'Atfeld, léguait 10,000 livres à son secrétaire, 800 livres à son écuyer et à son maître-d'hôtel, 600 livres pour ses laquais, 200 livres à son frotteur, 200 livres à chacun de ses autres domestiques, cochers, palefreniers, etc., en tout, 23 serviteurs.

LES ASSEMBLÉES DE CHARITÉ

Les secours d'ordre général ou local sont administrés sur toute l'étendue du pays par des assemblées de charité, des trésoriers, des receveurs. Ces assemblées s'occupent de tout ce qui regarde l'aumône, de l'administration de la charité dans une paroisse, du soulagement des pauvres malades, de la répartition des aumônes, etc. Il y a des assemblées ordinaires et des assemblées générales. Elles se tiennent, les unes et les autres, dans les presbytères, sous la présidence du curé. Elles sont composées du curé, du juge, du procureur fiscal quand il réside dans la commune, des notables de la ville, des représentants du commerce, de l'industrie, des arts et métiers, d'un certain nombre de dames.

La séance s'ouvre par la lecture du procès-verbal, suivie de l'examen du dossier des pauvres. — De là, on prend les décisions concernant la distribution des secours en espèces ou en nature.

Dans les grandes paroisses, il y a le plus souvent des assemblées mixtes d'hommes et de femmes. Dans les paroisses secondaires, les groupements sont ordinairement mixtes. Dans beaucoup de villes et de bourgs, on rencontre deux catégories de compagnie de charité : l'une composée d'hommes s'occupant de la gestion du bien des pauvres ; l'autre, exclusivement formée par des dames, chargée de pourvoir à la distribution des secours en argent ou en nature. Le trésorier et le receveur sont communs aux deux genres de groupements. Ailleurs, le soin des pauvres appartient au clergé secondé par des réunions de dames. Dans d'autres paroisses, le curé remplit les fonctions de trésorier des pauvres. Les communautés religieuses sont chargées, dans un certain nombre de grandes villes, des intérêts des indigents de telle ou telle paroisse.

Sur d'autres points du pays, les biens et revenus des paroisses sont régis et administrés par la fabrique et les notables de la paroisse. Les secours sont rigoureusement circonscrits à sa population indigente. Ils ne peuvent sortir de la famille du sanctuaire sous peine de l'admonestation entraînant l'expulsion.

La réglementation des assemblées de charité, toujours localisée dans les détails, offre des analogies d'ensemble. Les distributions doivent être faites plutôt en nature qu'en argent, si ce n'est dans le cas où il s'agit du relèvement de commerçant ou d'autre personne dont les affaires peuvent être, par ce moyen, promptement relevées. Les secours en espèces ont une destination absolument spécifique dont le changement est interdit de la façon la plus formelle.

Les distributions s'opèrent dans la plupart des cas par billets ou mandements contenant le nom, l'adresse et la condition des assistés.

UNE PROTESTATION CONCLUANTE

Réclamation motivée en faveur de la conservation distincte des revenus des aumônes fondés appartenant aux pauvres de chacune des paroisses de Paris.

B. Carnavalet. 1°. II. 944. P. 39.

« Au moment où l'on établit les commissions, il existait pour la paroisse Saint-Germain l'Auxerrois des compagnies de charité ; des revenus fondés leur étaient attribués. Les aumônes s'administraient avec une sagesse à laquelle la commission municipale ne tarda à rendre justice et ne donna confiance que parce qu'elle n'en connaissait pas encore les détails. Les pauvres étaient habitués depuis longtemps à recevoir au besoin tous les secours qui pouvaient leur devenir nécessaires.

Le mari fidèle n'avait pas à déplorer la fécondité d'une femme aussi malheureuse que lui ; ils étaient au moins certains de trouver pour leur famille un supplément de pain que le travail le plus assidu ne pouvait leur fournir à tous.

On ne laissait pas à l'enfant nouveau-né le temps de sentir déjà la misère de ses parents ; enveloppé des langes de la charité, il se trouvait encore pourvu pendant sa première année du lait que ne pouvait toujours lui présenter une mère desséchée par défaut de nourriture, par les travaux et par les autres peines de la pauvreté.

L'infirme voyait réparer par des secours, qui ne devenaient assidus que parce qu'ils étaient indispensables, l'espèce d'ingratitude de la nature envers lui.

La vieillesse n'avait pas à redouter l'épuisement de ses forces ; elle se reposait tranquillement sur les aumônes qui ne lui ont jamais manqué ; une assistance régulièrement apportée venait au-devant de sa faiblesse et fournissait un soutien à son âge décrépit.

Tel était l'état des pauvres de la paroisse Saint-Germain ; telle était la conduite des compagnies qui s'étaient librement consacrées à les secourir. »

TABLEAU DE L'HUMANITÉ

Compagnie pour le rétablissement des pauvres honteux valides de la paroisse Saint-Eustache, et dite des quinze jours, fondée en 1786.

Les personnes qui sont l'objet de cette charité sont :
1° Les artisans pauvres, mais de bonnes mœurs, qui, faute de la matière nécessaire à leur art, ne peuvent, malgré le désir qu'ils en auraient, ni servir le public ni se soutenir eux-mêmes ;
2° Les marchands qui ont une extrême peine de découvrir l'état misérable où ils se trouvent réduits, qui, également accablés de leurs propres dettes et de celles de leurs créanciers, voient leur commerce pencher de plus en plus vers sa ruine ;
3° Les familles qui, s'étant vues dans un état florissant, sont réduites, le père, la mère, les enfants, à la plus affreuse détresse, et qui n'ont ni le courage de faire connaître leur état, ni le moyen de le réparer, etc.

Entre les pauvres honteux valides, les marchands et les artisans sont toujours préférés.

L'Assistance ne va pas ordinairement au delà de 50 livres.

L'Assistance consiste à donner ce qui est nécessaire pour travailler : au cordonnier, du cuir ; à un charpentier, du bois ; à un tailleur, des fournitures.

La Compagnie aide les marchands pour les apports.

Elle assure un grand nombre de pauvres femmes qui gagnent leur vie par diverses industries : couturières en petit linge, fruitières, blanchisseuses, revendeuses.

Dans la même paroisse se trouve la Compagnie de *Bon-Secours* qui s'occupe également des marchands et des artisans, en vue du rétablissement de leurs affaires.

LE PATRIMOINE D'UN HOPITAL

Quelle est en 1789 la situation financière de l'Hôtel-Dieu de Paris ?

Les ressources sont de trois sortes :
1° Biens de ville et de campagne. 2° Droits divers. 3° Revenus casuels.

Le produit des biens de ville et de campagne forme un revenu de 426,450 livres, moyenne ordinaire. Les droits divers et d'octroi présentent un total de 426,450 livres, les droits sur les spectacles de 128,615 livres, ensemble 545,650 livres. Les *Casuels*, qui donnent en moyenne 113,213 livres, se sont élevés en 1789 à 611,650 livres.

Le total des ressources pour l'année commune atteint 1,458,675 livres. Au cours actuel plus de 3,000,000 de francs.

Ajoutons qu'au commencement de 1789 une indemnité fut accordée à l'Hôtel-Dieu pour la suppression de la franchise dont il jouissait exclusivement des droits d'entrée. Cette indemnité se monta à 204,841 livres.

La dépense générale de l'établissement se trouve fixée, année moyenne, à 1,342,856 livres.

Veut-on savoir quel est le nombre des journées de maladies annuel ? 2,431. L'année commune de la dépense divisée par le nombre commun des journées donne pour prix de la journée commune du malade 1 livre 10 sous 3 deniers.

A cette époque, on s'occupe vivement de l'agrandissement de l'Hôtel-Dieu considéré comme absolument insuffisant. Une souscription ouverte dans ce but donne au bout de quelques jours plus de 3 millions de livres.

L'architecte Poyer, qui, dès 1787, avait dressé le plan d'une transformation complète, en arrive à proposer, par suite du succès de la souscription, la translation de l'Hôtel-Dieu dans l'île des Cygnes.

Voici quelques chiffres propres à donner une idée du mouvement qui se produisit sur ce point.

Souscription pour l'agrandissement de l'Hôtel-Dieu :

Première liste, 1ᵉʳ janvier 1789.

Société du Salon des arts	12,000 livres.
Fermiers généraux	16,600 »
Receveurs généraux	150,000 »
Duc de Praslin	12,000 »
Girardot de Hallin	30,000 »
Magnon de la Ballue	24,000 »

Toutes les associations chrétiennes assurent leur concours. En huit jours, on a un apport de 1.500.000 livres.

L'archevêque de Paris	30.000	livres.
Le prince de Condé	30.000	»
Le Coulteux	36.000	»
De Biré, trésorier général	25.000	»
De Sevilly	25.000	»
Fermiers généraux	264.000	»
Receveurs généraux	150.000	»
Fermiers des postes	60.000	»
Duc de Montmorency	12.000	»
Saint-Julien, receveur du clergé	14.000	»
17 personnes charitables	12.000	»
Merciers	36.000	»
Tailleurs et fripiers	30.000	»
Marchands de vin	14.000	»

La seconde souscription close le 21 mars donna 305.635 liv.
La troisième liste fermée le 21 août, 1.051.896 livres.
Il est heureux pour la nation, dit le « Journal de Paris », qu'on se soit avisé d'un pareil essai.
La souscription fut, en somme, couronnée d'un plein succès.
Les bouleversements politiques empêchèrent l'agrandissement projeté. La Révolution gaspilla les sommes recueillies et compléta son œuvre en dépouillant l'Hôtel-Dieu de son magnifique patrimoine.

UN PLAN D'ASSISTANCE LOCALE

En 1788, la comtesse de Vic, sœur du lieutenant général civil, alors maire de Vendôme, lègue une somme de 6.000 livres et ses diamants aux pauvres de la paroisse Saint-Martin. Le curé, d'accord avec l'administration, décide la création d'un *bureau de charité*. Le bureau, très rapidement organisé, fonctionne dans les meilleures conditions. M. Gilbert de Sarrazin, capitaine au régiment de Noailles, que son mariage avec Mlle Gallois de Bezun, d'une vieille famille d'Auvergne, avait amené à s'établir à Vendôme, frappé des excellents résultats de la nouvelle institution, dresse un plan d'ensemble pour la reconstitution de l'Assistance locale.

La ville compte alors 6.500 habitants et 1.200 indigents, tous domiciliés ; un grand nombre d'entre eux trouvent des travaux dans la saison d'été. Il n'y a que 100 vieillards ou infirmes incapables de gagner leur vie. L'Oratoire en nourrit 80, le couvent des Ursulines 10, le Calvaire autant. M. Jorre « dont le nom mérite tant de bénédictions » occupe cent personnes à ses manufactures de coton.

Quelles sont les ressources que M. de Sarrazin croit pouvoir trouver dans les institutions établies ou chez les particuliers pour arriver à la réalisation de son projet ?

Ce sont d'abord des distributions de pain faites par les Bénédictins depuis *les Rois* jusqu'à *Pâques*, évaluées à cent sestiers de blé.

400 livres offertes par les Ursulines pour les femmes en couches.

200 livres données par les membres du Chapitre en dehors de leurs ressources personnelles.

600 livres venant de l'Oratoire qui fournissait déjà des soupes à 80 pauvres.

200 livres dont M. Bounain, avocat à Vendôme, avait l'administration pour les indigents.

Les curés de la ville offrirent la moitié de leurs décimes, ainsi que la quête faite dans leurs églises évaluée à 240 livres. Un grand nombre de citoyens demandèrent à être associés à l'œuvre.

Un anonyme se montre disposé à acheter de ses deniers le terrain des Capucins.

M. de Sarrazin veut en outre introduire à Vendôme l'usage qui s'est établi à Paris, à Orléans et dans d'autres villes pour la formation d'associations à l'aide de cotisations.

A Paris, les cotisations étaient de 5 livres, à Orléans de 48 livres. La souscription faite pour trois années était renouvelable pour une période semblable.

L'auteur du projet demande qu'elle soit fixée à 15 livres pour Vendôme ; il propose l'ouverture d'une souscription publique. On a pu réunir 16.000 livres en fort peu de temps. M. de Sarrazin demande qu'une quête générale soit organisée, qu'un bureau soit formé avec les fabriciens représentant toutes les paroisses, les délégués de l'Oratoire, du bailliage, des Bénédictins, de quatre notables pour toutes les Compagnies, de deux négociants pour acheter les matières premières, d'un trésorier et de six dames de charité.

Le projet fut soumis à la Commission organisée d'après le

plan de M. de Sarrazin. A la fin de 1789, il était en bonne voie de réalisation ; deux ans après, c'en était fait de toutes les institutions d'assistance de Vendôme.

1789

La question de l'Assistance publique proprement dite, en dehors de toutes les institutions qui, d'une extrémité à l'autre de la France, pourvoient aux nécessités de la population besogneuse ou dénuée de toutes ressources, ne cesse de préoccuper l'esprit public. — Aussi voit-on se multiplier les traités, les mémoires, les avis, les projets concernant le soulagement des pauvres. En parcourant les volumes qui les contiennent, on est surtout frappé du sens pratique de ceux qui les ont publiés. Ce qui ressort de leurs exposés, c'est principalement le désir de *procurer des moyens d'existence* aux pauvres gens des deux sexes qui sont incapables d'en trouver.

L'Assemblée constituante n'a pas seulement dépossédé le clergé de biens qui depuis quatorze cents ans étaient en majeure partie consacrés au soulagement de toutes les infortunes.

Elle a confisqué le patrimoine que les corporations, les confréries, les associations d'un caractère mixte, les fondations individuelles s'y rattachant avaient accumulé dans une longue suite de siècles dans le double but de l'assistance mutuelle et de l'assistance publique.

Elle a volé le trésor de l'indigence dont l'Eglise avait le dépôt.

Elle a volé le trésor de l'assistance formé par les corporations de toute nature à leur usage personnel.

Elle a volé le trésor des pauvres constamment alimenté par la charité des groupements de diverses catégories.

On évaluait les biens du clergé à deux milliards.

Les biens des corporations représentaient certainement une large moitié de cette somme. Maury n'hésitait pas, malgré son esprit de quatre-vingt-neuvisme, à dire en présence de toutes les spoliations : « Vous conduisez à la loi agraire — vous remettez toute propriété en question. »

L'Evêque d'Uzès, Mgr de Bettisy, renouvelait cette déclaration et la renforçait de cette parole : « Vous détruisez le fondement de toute propriété. »

L'Evêque de Nîmes, Mgr de Balor, disait de son côté : « Les pauvres verraient donc consacrer à liquider les dettes de l'Etat ce qui leur appartient, sous prétexte que vous voulez les en dédommager ! Mais leur donnerez-vous une hypothèque aussi sûre ? Quand la nation se trouve dans des circonstances aussi désastreuses pour les citoyens, pour les pauvres surtout, qui viendra au secours de ces derniers ? »

Le vénérable prélat ajoutait :

« Nos sacrifices offerts à la nation seront pour nous la plus grande des jouissances. Attendez tout de nos privations personnelles. Mais n'espérez rien du *patrimoine des pauvres et de celui des autels*. Non, jamais nous ne donnerons notre consentement à une usurpation de cette nature. »

*
* *

Les encyclopédistes s'étaient surtout efforcés de saper le régime de l'Assistance, expression si complète de la France très chrétienne. Leurs critiques les mieux calculées visaient la *localisation* et la spécialité des établissements charitables. Ils prétendaient que le morcellement de l'Assistance par les innombrables institutions appropriées à tous les genres de besoins n'aboutissait qu'à disperser les ressources du pays sans profit pour l'indigence. Ils réclamaient la centralisation de tous les biens, de tous les revenus des fondations, des compagnies de charité et des corporations de toute espèce. C'était, en apparence, pour obtenir une égale répartition des secours entre les diverses provinces du royaume. En réalité, il s'agissait d'absorber la France chrétienne dans l'Etat paganisé.

L'Assemblée constituante, en majeure partie composée d'hommes dupes de cette sophistique doctrine, ne fit que poursuivre l'exécution du plan des encyclopédistes.

Elle joua plus ou moins consciemment le jeu de la Franc-Maçonnerie organisatrice, occulte de la Révolution.

Que fait-elle au début de ses discussions sur l'assistance publique ? Elle déclare que c'est là essentiellement une charge *nationale, et non pas une obligation locale*. Sophisme social renforcé d'un mensonge historique.

La France très chrétienne avait constamment considéré l'Assistance tout à la fois comme une obligation locale par des institutions adaptées aux besoins des populations urbaines et rurales, et comme une nécessité générale par une organisation qui répondait à des exigences d'ordre public. L'Assemblée, une fois entrée dans cette voie *encyclopédique*, accumule inepties sur sottises.

Elle commence par assurer sur les biens volés à toutes les fondations charitables un crédit annuel de 51,600,000 livres.

Un beau denier, quoiqu'il fût fort loin de valoir ce que représente le splendide patrimoine légué par les munificences unies de toutes les classes de la société à tous les établissements d'utilité générale ou locale aussi bien qu'à tous les genres d'associations professionnelles et religieuses.

Le crédit voté par l'Assemblée resta sur le papier. L'Assemblée ne sut donner aucune suite au projet budgétaire qu'elle avait établi. La vieille organisation survécut, en dépit de tout, jusqu'au décret du 22 août 1791 qui compléta la déprédation de 1789 en enlevant à tous les hôpitaux *les octrois, les impositions spéciales et les exemptions ou modérations* de droits dont ils n'avaient cessé de jouir jusqu'alors. L'Assemblée, de nouveau, saisie de motions qui signalaient l'énorme préjudice causé par cette mesure aux établissements hospitaliers, chargea une Commission de lui présenter quelques mesures réparatrices. La Commission, à court d'inventions, ne trouva rien de mieux que de demander au Trésor des allocations provisoires. L'Assemblée s'empressa d'accepter ce pis-aller. Mais, incapable même de satisfaire aux exigences d'un pareil expédient, elle rejeta le fardeau des crédits provisoires sur les départements et sur les municipalités.

Elle en revint ainsi à *localiser* ce qu'on avait voulu centraliser.

L'iniquité doublée d'une bêtise portait ses fruits.

* * *

Le 13 juin 1792, changement de système. Bernard Darcy, député de l'Yonne, au nom du Comité des secours publics, lisait un rapport concluant *à l'abolition de la charité* privée et à l'établissement de la bienfaisance officielle.

Ce rapport recevait la sanction légale dans les décrets de la Convention qui restèrent, d'ailleurs, lettre morte.

La Constitution de 1793 déclarait bien, il est vrai : *les services publics sont une dette sacrée ; la société doit la subsistance aux citoyens malheureux, soit en leur procurant du travail, soit en assurant des moyens d'existence à ceux qui sont hors d'état de gagner leur vie.*

C'était se faire, sous forme du césarisme païen, le plagiaire de la France très chrétienne. La Révolution maintenait des pratiques qu'elle était absolument incapable de suivre. La France très chrétienne pratiquait des maximes qu'elle n'avait pas besoin de formuler. Pour l'une, c'était la lettre qui tue ; pour l'autre, c'était l'esprit qui vivifie.

La Constitution de 1793, du reste, en fait d'Assistance publique, fut reconnue, par la Convention elle-même, comme impraticable. Proclamée le 24 juin 1793, elle était suspendue le 10 octobre suivant. Cinq jours après paraissait un décret contenant des mesures pour l'extinction de la mendicité. Le 17 octobre, un autre ukase stipulait la *formation d'un livre de la bienfaisance nationale*. Toutes ces lois, au demeurant, eurent le même sort, avortement complet.

La Convention, devant l'orgie de décrets rendus en fait d'Assistance publique, n'aboutit qu'à une mesure efficace ; ce fut la confiscation des hospices, réservée jusque-là. Elle sut terminer l'œuvre de vandalisme inaugurée par la Constituante.

Qu'en résulta-t-il ? Deux choses : l'apparition du paupérisme, fléau de la société moderne, inconnu, comme le dit Karl Marx, de la France ancienne ; et celle du socialisme, « sorti, comme le dit Proudhon, des entrailles de la Révolution qui avait déchaîné les appétits de la multitude pour n'avoir qu'à gorger ses exploiteurs. »

Le Directoire, voué à l'imbécillité comme la Convention l'avait été au sang, prétendit résoudre le problème posé par la Révolution. La mendicité, sous ce régime d'histrions du sybaritisme, prit de telles proportions qu'on en vint à la traiter de crime. On décréta la déportation contre elle.

Dans une France où naguère rois, princes, seigneurs, associations professionnelles, confréries se disputaient l'honneur de venir en aide à toutes les victimes de la vie, le pouvoir public poussa le cynisme césarien jusqu'à frapper d'ostracisme la pauvreté qu'il avait décuplée.

Les assemblées législatives du Directoire se figuraient qu'elles pouvaient réussir à faire le départ entre les colossales utopies de la Convention et les nécessités pratiques d'un nouvel ordre de choses. Mais, comme le dit fort judicieusement M. Buquet dans son livre *Sur le régime de l'Assistance*, paru en 1884, et d'ailleurs très favorable aux *immortels principes*, « les législateurs du Directoire, des vastes conceptions de leurs prédécesseurs, n'abolirent rien, ne prirent rien, ne modifièrent rien. Le jurisconsulte a aujourd'hui cet étrange spectacle *d'un vaste code* de la bienfaisance *dont aucun article* n'a disparu et dont aucun n'est appliqué. »

C'est en quelques lignes la critique la mieux fondée du régime d'assistance qui dure depuis près d'un siècle. Tous les gouvernements qui se sont succédé l'ont considéré comme une arche sainte, alors qu'il n'aboutissait qu'à un drainage relativement stérile de l'argent des contribuables ou des largesses mal entendues d'un trop grand nombre de bonnes âmes.

1888

Il vient de se produire deux faits qui sont plus concluants qu'aucune argumentation connue contre le système étayé en 1789 sur le vandalisme du trésor des pauvres.

Le 21 avril, M. Floquet, président du Conseil, adressait au chef de l'Etat un rapport ayant pour objet la création d'un Conseil supérieur de l'Assistance publique « chargé d'éclairer l'administration sur toutes les questions d'assistance et de prévoyance. »

C'était une sorte de mise en tutelle de l'Assistance. Nombre de journaux de la gauche reconnaissaient à cette occasion qu'il était nécessaire d'opérer de grosses réformes, de remédier à beaucoup d'abus. — La *Justice* déclarait que l'Assistance publique était encore chez nous à l'état embryonnaire. En être à l'état embryonnaire cent ans après sa création, c'est pour une institution n'avoir droit qu'à un brevet d'incapacité sociale.

M. Floquet du reste confirmait cette appréciation en ouvrant le 13 juin la session du Conseil supérieur.

« Il est temps, disait-il dans son discours d'inauguration, de faire une vérité *légale de la fraternité* par *une organisation rationnelle*.

Bien des efforts, ajoutait-il, ont été faits pour réaliser les projets conçus à l'origine. Ils ont en grande partie échoué... »

Le président disait ensuite : « Les secours temporaires dont le but est de prévenir l'abandon des enfants par les mères sont presque partout si insuffisants que l'on peut craindre que la vie de ces petits êtres ne soit pas suffisamment préservée. »

D'autre part, l'orateur reconnaissait « que l'organisation des bureaux de bienfaisance et de tous les services se rattachant à l'Assistance publique se trouvait abandonnée au bon vouloir des départements et que 42 de ces départements étaient restés jusque-là inactifs. »

Voilà certes des aveux assez significatifs pour dispenser de tout commentaire.

Mais là ne se sont pas bornées les constatations décisives. M. Monod, directeur général de l'Assistance publique, a donné lecture d'un exposé de situation dont nous regrettons de ne pouvoir citer qu'un petit nombre de passages...

Ces citations ont au demeurant une telle portée que ce serait les affaiblir que de multiplier des textes analogues.

« Il y a, dit d'abord M. Monod, un nombre considérable de départements où l'assistance des enfants abandonnés est lettre morte, soit que les Conseils généraux n'aient voté aucun fonds pour son exécution, soit qu'ils aient voté des sommes dérisoires. En résumé, dans 25 départements, la loi n'est pas appliquée. »

Un peu plus loin, M. Monod déclare « qu'en France, sur 36.121 communes, il y en a 19.111 qui n'ont ni *bureau de bienfaisance* ni *Commission de charité* ; qui sont dépourvues, par conséquent, *de tout moyen régulier de venir en aide aux malheureux*. »

Autre constatation aussi tristement concluante :

« Légalement, l'Assistance publique est aujourd'hui, *en France, abandonnée aux hasards des bonnes volontés publiques ou privées...*, ce qu'il importe de bien comprendre, car ce qui se fait dans notre pays en faveur des malheureux *est insuffisant, très au-dessous des besoins, se pratique ensuite sans ordre, sans méthode*, de sorte qu'il y a abondance ici, double et triple, là disette absolue. »

M. Jules Simon écrivait, en 1861, dans la *Revue des Deux-Mondes*, II, 89 : « Quand on regarde l'ensemble des secours distribués par les bureaux de bienfaisance de la France entière, on est frappé à la fois de l'immensité des efforts et de la nullité des résultats. »

Vingt-huit ans après, le chef même de l'Assistance publique vient formuler une déclaration analogue en en aggravant la portée. Non seulement, en un grand quart de siècle, la situation ne s'est pas améliorée, mais elle a empiré. Les ressources ont-elles donc diminué ? Pas du tout. Ainsi, en 1861, d'après la statistique officielle, le total des recettes provenant *de biens immeubles, de rentes, des subventions de communes, du droit des pauvres*, et des autres produits, s'élevait, pour les bureaux de bienfaisance, à 43.312.900 fr. Le total de 1884, dernière statistique officielle, atteint un chiffre rond de 50.000.000.

Or la moyenne maximum des individus secourus était, en 1861, de 150.000. Elle ne dépasse aujourd'hui ce nombre que de 100.000.

La progression d'assistance est loin d'être proportionnée à celle des ressources. Elle est d'autant moins en rapport avec les besoins de la population que les crises économiques de toutes catégories ont doublé le nombre des pauvres.

*..

Autre argument de fait.

Tout récemment, le docteur Decaisne faisait à l'Académie de médecine une communication navrante sur l'enfance abandonnée. D'après ce Mémoire, des légions d'enfants, à Paris, sont livrées, par suite de l'incurie de l'Assistance publique, à la plus immonde exploitation. De tous les petits malheureux examinés par l'éminent praticien, il n'en est pas un qui soit dans un état de santé normal. Bronchites, pneumonies, pleurésies, phtisies, affections purulentes, tel est dans l'ensemble leur apanage. Les plus odieux traitements, d'atroces privations, et la perversion systématique font de ces masses d'enfants de véritables *parias* de la vie. A peine s'en trouve-t-il un sur mille qui parvienne à l'âge adulte.

La charité privée, accablée de charges, en raison de l'insuffisance du concours des pouvoirs publics et, trop souvent, des vexations qu'elle subit de leur part, ne peut arracher qu'un nombre restreint d'enfants à leurs tortionnaires.

L'*Assistance publique* fait la sourde oreille aux doléances formulées sur ce point par les organes de tous les partis.

Le martyre de l'enfance abandonnée passe à l'état d'institution. L'Administration, qui se désintéresse d'une pareille calamité, gaspille les millions pour expulser du bureau de bienfaisance et des établissements hospitaliers les religieuses qui savaient, à si peu de frais, rendre de tels services, que certains adversaires même de l'Eglise l'ont publiquement reconnu.

*..

Et les infanticides résultant de la misère noire, quelle formidable extension n'ont-ils pas prise à Paris ? Les registres seuls de la Morgue en sont d'irrécusables témoins. En 1810, le chiffre de ces crimes ne dépassait pas 40 pour les deux statistiques réunies de la Justice et de la Morgue. Lors du dernier bilan de la nécropole des misérables, le total des cadavres d'enfants repêchés dans la Seine s'élevait à 125.

Que de malheureuses auraient été préservées d'une pareille criminalité si elles s'étaient trouvées à même de compter sur

un secours suffisant et régulier de l'Assistance publique !
« Frappez, a dit l'Evangile, et l'on vous ouvrira. »

Vingt fois pour une c'est le contraire qui se produit dans les bureaux de l'Administration. Les petits employés surtout s'y montrent d'une dureté révoltante. Les plaintes sont aussi fondées que générales à cet égard. Qui ne connaît, d'ailleurs, le formalisme inepte du mandarinat de ce service ? La plus modeste allocation nécessite un stock de paperasserie.

Le favoritisme imposé par les maîtres du jour parvient seul à avoir raison de ces chinoiseries bureaucratiques. Malheur à qui ne fait pas partie de la clientèle des potentats du politicianisme. C'est ainsi que quantité de pauvres gens en arrivent à ces détresses qui aboutissent trop souvent à d'horribles drames.

La crise de l'inanition sévit depuis quelques années avec une intensité qui menace de l'acclimater. Dans ce Paris gorgé de richesses qui suffiraient à sustenter un peuple, il ne se passe guère de semaines où ne se produise quelque décès pour cause de suprême désespoir. *Les meurt-de-faim* pullulent. La moyenne des individus qui ne vivent, comme les pourceaux, que de détritus, est évaluée à 60.000. A cette armée de la misère bestiale il faut ajouter celle des pauvres honteux — quadruple, quintuple peut-être de l'autre. — Les statisticiens les plus optimistes en portent le total à 300.000 individus. L'Assistance publique ignore ce monde-là. Elle n'a cure que des *inscrits*. Le chiffre en est de 350.000, qui obtiennent bon an, mal an, 36 fr. en nature et en espèces. Qu'adviendrait-t-il, la plupart du temps, si la charité privée n'intervenait par des œuvres de tous genres ?

M. Floquet, dans le discours que nous citions, lui a rendu un hommage par trop sommaire à cette charité qui, à travers les vicissitudes les plus cruelles, au milieu de persécutions incessantes, est parvenue, depuis un siècle, à force de sacrifices, d'esprit de suite, de dévouement, d'héroïsme même, à reconstituer une certaine partie de l'incomparable patrimoine des pauvres créé par la vieille France.

*

Le Mont-de-Piété formait une de ses plus chrétiennes créations. Le prêt gratuit était obligatoire. La générosité des représentants du pouvoir central ou de l'autorité locale, des groupements de métier et de piété, ainsi que des particuliers, venait fréquemment ajouter à ces prêts des donations spéciales destinées à la délivrance sans frais des objets indispensables aux ménages.

Le 9 octobre 1789, Louis XVI exécutait, de ses propres deniers, le dégagement de tous les dépôts au-dessous de 24 livres.

D'accord avec la reine, selon le texte même de la proclamation publiée à cette occasion, le souverain mettait une somme de 300.000 fr. à la disposition de soixante districts de Paris, à raison de 5.000 livres par circonscription. Les quartiers les plus pauvres, Enfants-Trouvés, Saint-Antoine, Sainte-Marguerite, excédèrent le crédit qui leur était assuré. Le roi, par considération pour ces pauvres gens, accorda 30.000 fr. de plus.

La Révolution fit des Monts-de-Piété, jusqu'alors en possession partout de leur autonomie, un des rouages de son vaste machinisme.

Qu'en est-il résulté? un système de prêt aussi draconien par la forme qu'au fond. Le taux moyen des prêts est entre 8 et 10 %.

C'est l'usure légalisée. Exploitation juive qui pèse particulièrement sur la classe laborieuse.

*
* *

Il nous serait facile de poursuivre minutieusement l'examen de la situation de l'Assistance publique. Mais cadre oblige. Concluons.

L'expérience d'un siècle a fait complètement justice du système par lequel la Révolution a mis l'Assistance entière du pays à la charge de l'Etat. — La centralisation, opérée sous prétexte de procéder à une répartition plus équitable des secours que ne le faisait la *localisation* prédominante dans la vieille France, n'a abouti qu'à un gigantesque machinisme aussi dispendieux qu'infructueux qui nourrit un petit monde de parasites au détriment d'une immense population besogneuse.

M. Monod, chef actuel de ce machinisme, vient de reconnaître qu'il est absolument insuffisant et au-dessous des besoins.

C'est dresser inconsciemment le bilan de la faillite sociale du régime de l'Assistance sorti de 89. Il y a donc là une pièce d'une importance capitale pour le dossier du Centenaire.

MM. Monod et Floquet, il est vrai, tout en constatant l'avortement de l'entreprise inaugurée par la Révolution, ont donné à entendre qu'il serait possible de tirer de l'organisation actuelle un meilleur parti que jusqu'alors, en opérant progressivement une décentralisation.

Ce serait en principe revenir purement et simplement à la *localisation* naguère si avantageusement pratiquée. Mais en fait ce retour au passé demeure incompatible avec le régime césarien imposé par la Révolution qui ne forme qu'un colossal engrenage d'omnipotences bureaucratiques.

Inutile de parler de réformes en matière d'Assistance publique comme pour le reste. Palliatifs et expédients, tel doit être fatalement le résultat de tentatives appuyées sur de faux principes.

C'est d'une France à refaire qu'il s'agit. Pour atteindre un pareil but, que faut-il d'abord?... Travailler à la reconstitution des autonomies d'ordre professionnel, communal, paroissial, diocésain, sur un mode à la fois conforme aux principes de la vieille France et aux nécessités de la nouvelle.

Les autonomies professionnelles rétablies sur toute la surface du pays parviendraient à rentrer en possession de cette *Assistance mutuelle* qui représente l'action la plus efficace de la justice sociale répartitive, particulièrement pour les classes laborieuses.

Les autonomies communales remises en possession de ces libertés et de ces droits qui sont la condition indispensable de toute vitalité locale se donneraient des institutions de *pourvoyance* en rapport avec les besoins des populations, soit en se solidarisant avec les gouvernements dans les villes importantes, soit en se syndiquant lorsqu'il s'agira de petites municipalités.

Les autonomies provinciales, composées d'agglomérations départementales, ayant récupéré ce *self government*, seront à même de contribuer sur une étendue considérable au développement et à l'alimentation du budget communal et professionnel de l'Assistance. Les autonomies paroissiales et diocésaines remises en jouissance de cette indépendance complète que nécessite leur destination, pourront concentrer toutes les ressources de la générosité chrétienne pour créer des établissements et fonder des institutions dont tous les déshérités de la vie seraient appelés à bénéficier.

Toutes ces autonomies, délivrées de la féodalité administrative et du césarisme centralisateur, se verront en mesure de gérer leurs affaires à peu de frais, et de dégrever le budget de l'Assistance de charges actuellement écrasantes.

Le pouvoir central trouvera dans les délégués choisis par les autonomies de différentes catégories les véritables représentants des intérêts des populations.

C'est alors que l'*Assistance publique* laissée à la charge de l'Etat pour des besoins d'ordre général, tels que épidémies, catastrophes, crise économique, etc., sera appelée à remplir le rôle qui lui incombe exclusivement et qui consiste à compléter l'œuvre des assistances locales.

Au lieu de former un monopole infécond, l'*Assistance publique* deviendra la plus haute expression de l'action sociale du pouvoir.

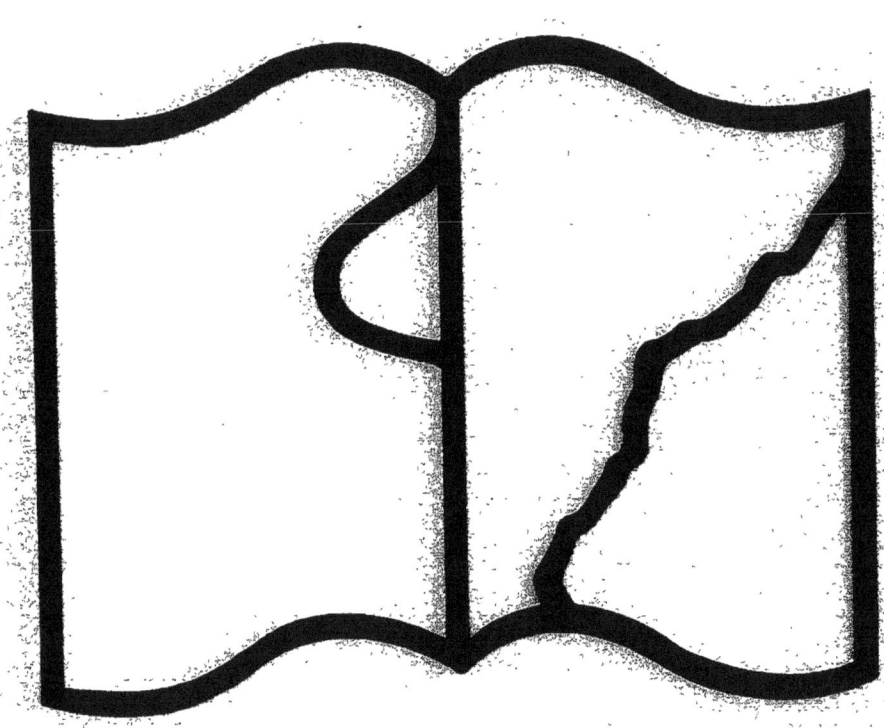

Texte détérioré — reliure défectueuse

NF Z 43-120-11

www.ingramcontent.com/pod-product-compliance
Lightning Source LLC
LaVergne TN
LVHW021735080426
835510LV00010B/1270